Joseph Hubert

Einheit der Katholischen Kirche

Joseph Hubert

Einheit der Katholischen Kirche

ISBN/EAN: 9783337292768

Hergestellt in Europa, USA, Kanada, Australien, Japan

Cover: Foto ©Lupo / pixelio.de

Weitere Bücher finden Sie auf **www.hansebooks.com**

Ueber Einheit der katholischen Kirche

Joseph H. Reinkens

Ueber
Einheit der katholischen Kirche.

Einige Studien
von
Dr. Joseph H. Reinkens,
kath. Bischof.

„Wo der Geist Gottes ist, dort ist
die Kirche und jede Gnade; der Geist
aber ist die Wahrheit".
Irenaeus Adv. Haer. 3, 24.

Würzburg.
Druck und Verlag der Stahel'schen Buch- und Kunsthandlung.
1877.

Vorwort.

Diese Schrift beschäftigt sich nicht mit dem Primate. Ob die Primatsidee der katholischen Kirche und dem Christenthum überhaupt wesentlich, ob sie göttlichen oder menschlichen Ursprungs sei, wird hier gar nicht untersucht. Die Ideen: **Einheit** und **Primat** der Kirche, sind an sich sehr verschieden, aber sie werden häufig zusammengeworfen und vertauscht, ja unterschiedslos angewandt, zumal seitdem die römische Verzerrung des Primates zu einer politischen Despotie, jene Jahrhunderte hindurch bekämpfte Usurpation, als Gottes Wort gepredigt und gepriesen wird. Von dieser Verzerrung muß allerdings die Rede sein, da die ganze vaticanische Partei in dem angeblichen „**Universalepiscopate**" des römischen Bischofs das **Einheitsprincip** der katholischen Kirche zu besitzen behauptet.

Wenn der Verfasser in den nachfolgenden Blättern es versucht, dieselbe als unwahr, nichtig, verderblich und sittlich-häßlich in ihren Folgen darzuthun, so behält er sich vor, später in einer besonderen Schrift über die wahre Primatsidee und ihr Verhältniß zur Verfassung der Kirche das Resultat seiner historischen Forschung und seines Nachdenkens mitzutheilen, das keineswegs im Sinne des in sich widerspruchsvollen und schwächlichen Gallicanismus ausgefallen ist.

Die Arbeit der römischen Curie, die als Lohn stets Geld und Machtzuwachs beansprucht, besteht darin, dem christlichen Volke das Wesen der ewigen Güter des Christenthums zu verhüllen, zu entstellen, und wohl auch zu nehmen, um den Schein und die Caricatur an die Stelle zu setzen. Was kann rührender, erhebender und schöner sein, als in dem Herrn den Bräutigam der Kirche anzubeten und zu lieben! Aber giebt es wohl eine jammervollere Caricatur als diejenige, welche ein schwacher, eitler Mensch in der Rolle dieses göttlichen Bräutigams uns darbietet? Und doch könnte man der ganzen vaticanischen Tragikomödie keinen besseren Titel geben als: „Die Vertauschung des Bräutigams der Kirche". Die römische Fabel ist so absurd wie möglich; denn wenn in der That ein einzelner Christ die Fülle der Gaben und Schätze, welche der Kirche verheißen und gegeben sind, in seiner Person vereinigte und so die persongewordene Kirche in all' ihrer Kraft und Schönheit repräsentirte, so stellte er doch nur die Braut vor; denn er könnte ja doch nicht mehr sein als die Kirche ist. Doch Pius IX. trennt sich von der Kirche, stellt sich über dieselbe (non autem ex consensu Ecclesiae), spielt ihren Bräutigam und mißt den Werth der Kirche nach den Geschenken und Huldigungen, welche sie ihm darbringt.

Gerade so hat man auch das köstliche Gut der Einheit ihr vertauscht. Die Einheit, von deren Lob die h. Schrift und die Literatur der Väter erfüllt sind, ist die sogenannte mystische der Liebe in dem Einen Lichte der Wahrheit und des Friedens der Christen untereinander in dem Einen Haupte, d. i. in Christo. In dieser Einheit ist keine Furcht, weil die Liebe die Furcht austreibt, sondern Freude und Seligkeit. Die römische Curie hält nun das alte Lob der Einheit den Gläubigen immer vor, aber der historisch nicht gebildeten Menge hat sie insgeheim schlechte Waare für die himmlische Gabe untergeschoben, nämlich die rein äußerliche Einheit mit dem verwechselten Haupte, mit einem Menschen, der weder Licht noch Liebe spendet, wie vermessen er auch behauptet, daß Gott es sei, der in ihm denke, vielmehr Befehle, und oft finstere Befehle ertheilt, so daß die von ihm bewahrte Einheit nichts ist als die Einheit der Furcht und des blinden Gehorsams, wobei die Gemüther in Unwahrheit und Haß einander ewig fern bleiben können. Da tritt an die Stelle des Einsseins des Herzen der Gläubigen die Gemeinschaft in der Einerleiheit der Formen, wobei sogar das Bekenntniß und der Cultus zur bloßen Aeußerlichkeit herabsinken. Schließlich weiß das christliche Volk nichts Besseres mehr, als die Einheit in äußeren Dingen zu suchen, was auf innere Ohnmacht im Glauben und Geistesleben hinweist. Darum hat die äußere Einheit der Kirche nur so viel Werth, als sie die innere Einheit ausdrückt. Die innere Lebenseinheit erzeugt die äußere der Form. Es ist Aberwitz, durch die äußerliche juristische die innere mystische erzeugen oder ersetzen zu wollen. Nur diejenige Verfassung der Kirche, welche in ihrem ganzen Geiste die vorhandene innere Einheit ihrerseits mitausdrückt und schützt und pflegt, ist ihrem Wesen nach christlich und berechtigt.

Die vom Lichte der Wahrheit entzündete Liebe ist es, welche die Kirchengemeinschaft erzeugt; das Princip der göttlichen Tugend der Liebe aber ist kein Mensch, sondern jener uns geschenkte h. Geist Jesu Christi, welcher zugleich der Geist der Wahrheit und der Liebe ist. —

Auch bei diesen Studien ist es dem Verfasser wieder aufgefallen, wie die Schriftsteller im Dienste der vaticanischen Curie schlechthin nicht im Stande sind, in die Denkweise früherer Jahrhunderte einzugehen. Wenn sie bei einem Kirchenvater des 3. Jahrhunderts die Ausdrücke „Einheit", „katholisch", „Papst" und dgl. lesen, so denken sie dabei genau dasselbe, wie wenn sie diese Worte heute in einer römischen Constitution oder Allocution oder in einer Expectoration der Compagnie Jesu finden. Es ist freilich vielfach Mangel an Schule; aber es fehlt leider auch nur zu oft die volle Hingebung an die objective Wahrheit. Wer wünscht und nach dem Befehle der geistlichen Obrigkeit, die absolute Gewalt über ihn hat, wünschen muß, daß Cyprian den Baticanismus gelehrt habe, kann dessen Briefe nicht unbefangen lesen. Ein anderes Wort, welches die Vaticaner in der Literatur der ersten christlichen Jahrhunderte ganz falsch verstehen, ist die Bezeichnung „Häresie"; ferner gehören hieher alle Ausdrücke, welche sich auf Eingehen, Halten oder Aufheben der Kirchengemeinschaft beziehen, und viele andere. Das macht die Verständigung mit den ultramontanen Historikern, selbst wenn sie so gewissenhaft sind, die Quellen im Zusammenhange zu lesen, ungemein schwer, fast unmöglich. Man ist daher jeden Augenblick versucht, über den Sinn einzelner Worte ganze Abhandlungen zu schreiben, was man sich jedoch nicht immer erlauben darf. Der geneigte Leser möge aber aus dem Gesagten es sich erklären, warum z. B. in der hier dargebotenen Schrift das Beiwort der Kirche „katholisch" eine so eingehende Erörterung gefunden hat.

Bonn, 6. März 1877.

Der Verfasser.

Inhalt.

Erstes Kapitel.
Der falsche Einheitsbegriff.

		Seite
§ 1.	Einleitung	1
§ 2.	Das falsche Einheitsprincip	7
§ 3.	Beschaffenheit der Einheit durch den Papst	16
§ 4.	Die Mittel, die kirchliche Einheit im Papste herzustellen	23
§ 5.	Die Wirkungen des falschen Princips der Einheit	28
§ 6.	Das Idol im Vatican	34

Zweites Kapitel.
Die wahre Idee der Einheit der Kirche.

§ 1.	Rückblick auf das erste Kapitel	44
§ 2.	Wer ist der Bräutigam der Kirche?	45
§ 3.	Die biblische Lehre von der Einheit der Kirche	49
§ 4.	Die Lehre der apostolischen Väter und der Apologeten des II. Jahrhunderts von der Einheit der Kirche	75
§ 5.	Einige allgemeine Bemerkungen	95
§ 6.	Fortwirkung der biblischen Idee in der Periode der Väter	102
§ 7.	Apostolisch, heilig, katholisch	129
§ 8.	Schluß	149

Erstes Kapitel.
Der falsche Einheitsbegriff.

§ 1.
Einleitung.

Ein Zug der Sehnsucht nach Wiedervereinigung der christlichen Confessionen geht in der Gegenwart durch die Völker, welche bewußt und unbewußt im Namen Jesu auf **Freiheit und Frieden ihre Cultur zu begründen** streben. Denn beides, Freiheit und Friede, ist verheißen und grundgelegt in dem Evangelium. Die Freiheit wurzelt in der von Christus zuerst unbedingt und als unveräußerlich proclamirten **Menschenwürde Aller in der Ebenbildlichkeit und Kindschaft Gottes**, und der Friede beruht auf der aus dieser entspringenden Liebe, welche die Menschen mit dem Willen Gottes und mit sich selbst in Einklang setzt. Die Spaltung der Christenheit in Confessionen, welche einander die Bruderliebe, — das Kennzeichen der Jüngerschaft Christi — aufkündigten und fluchten statt zu segnen, geschah durch den Versuch, **die freigeborenen Christen zu knechten**. Irrthum allein hätte bei fortdauernder Liebe und Achtung der Menschenwürde niemals bleibende Confessions-Spaltung verursacht. Aber die sklavische Unterwerfung fordernde **Gewalt ist das Princip der Trennung**; Wiedervereinigung kann nur auf dem Gebiete der Freiheit stattfinden. Damit aber die Freiheit erblühe, muß das Licht der Erkenntniß aufstrahlen. —

Die Wiedervereinigung der Christen ist nur möglich, wenn sie das Wesen der Einheit der Kirche klar erkannt haben. Denn die Einheit ist das Gut von idealem Werthe, an dem wir durch die Einigung Theil gewinnen. Das Sprüchwort sagt: „Jede Tugend hat ihren Affen"; ähnlich verhält es sich mit jedem idealen Gute: ein Trugbild statt desselben erhascht nicht selten der getäuschte Mensch. So lange es Millionen Christen giebt, welche ein Trugbib der Kircheneinheit mit dieser selbst verwechseln, kann eine Wiedervereinigung der Confessionen niemals erreicht werden. Es ist auffallend, daß bei so vielen berühmt gewordenen Versuchen der Christen, die Einheit wiederzugewinnen, die Untersuchung des Wesens derselben gar nicht oder nur oberflächlich in Betracht kam. —

Ueber die Wichtigkeit der Erkenntniß dessen, worin die Christen Eins sind oder Eins sein sollen, kann kein Zweifel sein; denn zu den wesentlichen Eigenschaften der Kirche Jesu Christi, mit welchen sie ursprünglich ins Dasein getreten ist, gehört unstreitig die Einheit. Sie erscheint in dem Munde des göttlichen Stifters als Forderung und als Kennzeichen, auch als Inhalt seines Gebetes, — in der Apostelgeschichte als Thatsache und in der Predigt der Apostel als ein Gut himmlischer Art, an dessen Besitz der Friede hängt. Es kann also nicht befremden, daß sowohl bei allen großen Entwickelungen wie bei den Erschütterungen der Kirche in der Geschichte ihre Einheit irgendwie zur Sprache kam. Vorzugsweise tritt aber deren Bedeutung an's Licht zur Zeit allgemeiner Concilien. Es war daher nicht so sehr ein Zeichen von besonderer Klugheit als von der Herrschaft eines gewissen Gesetzes der Nothwendigkeit, daß die römische Curie, als sie das vatikanische Concil in Scene zu setzen beschlossen hatte, ihren Egoismus verhüllend dem Gedanken der Einheit ihren Tribut zahlte. Sie ließ bekanntlich von dem Papste Einladungsschreiben an die griechischorientalische und russische Kirche und an alle Protestanten und sonstigen Nichtkatholiken unterzeichnen. Freilich waren die Einladungen der Form nach nur geeignet, die Entrüstung der Getrennten zu erregen, da sie dieselben hinsichtlich der Ursachen der Trennung mit dem Teufel in Verbindung brachten und ferner die Behauptung enthielten, der Papst habe „**ihr Denken zu bestimmen und ihr Handeln zu leiten**", und endlich ihnen nicht Theilnahme an den Berathungen in Aussicht stellten sondern nur die Gelegenheit, von päpstlichen Theologen neben dem Concil her sich über die Nothwendigkeit ihrer blinden Unterwerfung unter den Papst belehren zu lassen. Das ist der nackte Inhalt jener Einladungen, welche die gröbsten Beleidigungen der Eingeladenen enthielten, — eine Verhöhnung derselben, welche Staunen erregt. Allein dem Bedürfniß der Einheit und der Anerkennung einer gewissen Zusammengehörigkeit aller Getauften war hiermit gleichwohl Ausdruck verliehen. Während des vaticanischen Concils erwies sich allerdings die Hoffnung auf Wiedervereinigung der Getrennten sofort als Illusion, indem die Vorlagen nur dazu dienen konnten, die **Kluft zu erweitern.** Die trennenden Ursachen sollten nicht gehoben, sondern gesteigert und gemehrt werden. Es begannen auch sogleich nicht wenige und zwar gerade die einsichtsvollsten Bischöfe ernstliche Besorgnisse auszusprechen, daß dieses Concil zu weiteren Spaltungen innerhalb der abendländischen römischen Kirche Anlaß geben werde. Die Furcht, der Einheit zu schaden, beeinflußte sogar in wichtigen Momenten ihr Verhalten. Aber das Alles bestätigt, wie nachdrücklich ein Gefühl von der Nothwendigkeit der Einheit sich geltend macht. Nach dem Concil haben mehrere Bischöfe blos aus Rücksicht auf die Einheit dem Papste die verlangten göttlichen Prärogativen unter dem Opfer ihres Vorstandes und der Achtung und Ehre, welche sie bei den Gebildeten genossen, zuerkannt und der ewigen Wahrheit damit das fernere Zeugniß versagt. Sie wollten die Einheit um jeden Preis, und konnten sie die Einheit in der Wahrheit nicht erzielen, so wollten sie doch mit dem Papste eins sein in der

Behauptung deſſen, was nicht wahr iſt. Männer ſelbſt wie
Hefele und Haneberg ſind dem Schreckbilde des Schisma's
erlegen; ſie haben zur Rettung der Einheit das freudige Be-
wußtſein, einzig und allein der Wahrheit zu gehören und zu
leben, und den Beifall derer, die ſie am meiſten achteten, ge-
opfert; ſie, die an wiſſenſchaftliche Klarheit gewohnt waren, ſind,
um ſich ſelbſt darüber zu täuſchen, daß ſie in den Dienſt der
Lüge treten ſollten, zu Sophismen gedrängt worden und zu dem
Geſtändniſſe, daß ſie Lehren als Glaubenswahrheit annehmen,
deren Inhalt, obgleich der Wortlaut unzweideutig iſt, ſie nicht
faſſen noch feſtſtellen können. Und das haben ſie gethan, um
die Einheit nicht zu gefährden. —

Um dieſe muß es alſo etwas Großes ſein, da ſie ſolche
Macht über die Geiſter übt und ſo Vielen das Feſthalten an
der Wahrheit und die Bewahrung der Selbſtachtung faſt unmöglich zu machen ſcheint.

Auch hat ſich die römiſch-katholiſche Kirche ihres Beſitzes
der Einheit wohl genug gerühmt. „Einheit bei uns, —
tauſendfache Zerſplitterung bei den Gegnern!" Dieſes ſtolze
Wort hat nun lange ſchon in jeder Polemik mit andern Con-
feſſionen die römiſch-katholiſche Literatur beherrſcht, und auch
die gern billig denkenden Nichtkatholiken pflegten bis zum 8.
December 1869 mit einer gewiſſen Anerkennung dies einzuräumen.
Aber bereits viele Jahre vor dem Verſuche der römiſchen Curie,
ihren ganzen durch Liſt und Gewalt allmählig uſurpirten
Machtbeſitz mittelſt des Schattenſpieles der äußerlichen Nachahmung eines ökumeniſchen Concils gleichſam vor Gott und den
Menſchen legitim zu machen, konnte ein hiſtoriſch gebildeter
katholiſcher Gelehrter bei dem Einheitstriumphe wohl bedenklich
werden, ja ſogar Studien beginnen über den Unterſchied zwiſchen
der Einheit der Kirche, wie ſie Jeſus Chriſtus geſtiftet hat, und
der Einheit eines Kirchhofs. Solche Studien ſind nunmehr
aber zur Nothwendigkeit geworden, da ihr Ergebniß von der
größten praktiſchen Bedeutung für die Entſcheidung der gegen-
wärtigen Lebensfrage der Kirche ſein wird.

Constatiren wir also auch in dem Streben der römisch-katholischen Kirche, die Einheit als ihren besonderen Vorzug darzustellen, die Anerkennung der Bedeutung derselben, so können wir andererseits nicht umhin, zu fragen: ist die **faktische Einheit** dieser Kirche, so weit sie dann noch vorhanden ist, eine **innerliche** oder eine bloß **äußerliche**, ist sie eine Einheit **der Lebendigen oder der Todten**?

Diese Frage enthält bereits Licht und Schatten des Gemäldes der kirchlichen Einheit sonst und jetzt. Welcher Einheit rühmt sich heutzutage die **römisch-katholische** Kirche? Wie und wodurch wollte **Christus, daß seine Kirche** einig sei?

Um die Situation noch heller zu beleuchten, mögen hier einige Fragen und Gegenfragen eingefügt werden, die der Verfasser dieser Schrift bereits im Sommer des Jahres 1868, nach gewonnener Einsicht in die moralische und intellectuelle Beschaffenheit wie in die Tendenzen der römischen Curie bei einem längeren Aufenthalte in Rom, in sein Notizbuch geschrieben hat, und die er heute vollkommen aufrecht hält.

„Ist die von Christo gewollte und von den Aposteln gepredigte Einheit der Kirche etwa die **durch Befehl und Gehorsam aus Herrscherwillen und Sklavenfurcht bewirkte Einerleiheit der Uniform im äußeren Ritus und Habitus** wie in den inneren (dem Geiste der Menge freilich auch äußerlichen) scholastischen Denkformen? Und ist sie die **Einheit der absoluten Centralisation**, absolut bis zur gänzlichen Entkleidung des Episcopates von jeder ursprünglichen apostolischen Schlüsselgewalt, welche die Bischöfe in den ersten christlichen Jahrhunderten kraft ihrer Repräsentation der Gemeinden hatten, als noch Niemand daran dachte, daß zur Verleihung des Episcopates die Bestätigung des Bischofs von Rom nothwendig sei, oder gar die Uebertragung der bischöflichen Macht durch diesen? Ist sie wohl die **päpstliche Allgewalt**, welche mit Einem Federzuge über das ganze canonische Recht hinwegfahren und selbst die canonischen Formen zur Declarirung eines Dogma's beseitigen und unweigerlich alle Bischöfe zwingen kann, zu glauben, was der Papst glaubt? Ist sie die **Einheit der Knechtschaft aller Bischöfe**, in der sie zittern und alles Erwünschte und noch mehr geloben und thun, wenn die Societät Jesu ihnen heimlich bedeuten läßt, daß ihre „Kirchlichkeit", ihre kirchliche Richtung nicht mehr unzweifelhaft sei? Ist sie die **Alleinherrschaft** von 8000 (jetzt bekanntlich über 9500) Jesuiten in der römischen Curie wie in allen Lehranstalten (und Verwaltungsbehörden) der katholischen Welt? —

Oder ist sie die **Einheit des Geistes und der Liebe**, — des h. Geistes, der in den mancherlei Gaben und Formen derselbe Geist ist, und der Liebe, in der keine Furcht ist, welche, wo sie einkehrt, die Furcht austreibt? Und ist sie die Einheit, in welcher die Bischöfe, **selbst frei** durch den (in der Gemeinde wirkenden und waltenden) h. Geist, der sie gesetzt hat, die Heerde Gottes zu leiten, **auch keine Knechtschaft fordern**, nicht gebieterisch sind über das Erbtheil (die Christen sind nicht der Bischöfe Eigenthum sondern Christi Erbtheil), sich nicht wie die Beherrscher der Heidenvölker „Eure Gnaden" nennen lassen, vielmehr **die Freiheit und Würde der Kinder Gottes** achten und in dieser Kindschaft selbst ein Vorbild sind von Herzen? Ist sie, weit entfernt, Einerleiheit zu sein, die **Einheit durch Harmonie des Mannigfaltigen** in Ritus, Disciplin und Sitte, wie in wissenschaftlicher Methode?" —

Diese Fragen haben große, einander ausschließende Gegensätze in der Auffassung der Einheit der Kirche zur Voraussetzung. Indem nun diese Schrift sich zunächst der Prüfung der ersteren Auffassung, welche in der römischen Curie die allein herrschende ist, zuwendet, folgt sie den Gesichtspunkten, welche sich darbieten durch die Bestimmung des **Princips** der kirchlichen Einheit, woraus sie entspringt, ferner ihrer **Qualität** oder ihres **Charakters**, dann der **Mittel**, wodurch sie Existenz und Bestand gewinnt, und viertens ihrer **Wirkungen**.

Die Kriterien für die Wahrheit finden sich in der h. Schrift und in der Traditionsregel; sie sind sowohl dogmatischer als historischer Art. —

§ 2.
Das falsche Einheitsprincip.

Ueber das **Princip** der Einheit der **römischen** Kirche, wie sie jetzt besteht, kann kein Zweifel obwalten. Pius IX. hebt es unabläßig und immer nachdrücklicher hervor: er, der Papst sei das Centrum und das Princip der kirchlichen Einheit. Die approbirte römische Hofpresse, die Civiltà cattolica, variirt diesen Satz als Thema durch alle Tonarten, und die Stimmen der Getreuen in allen Landen geben davon nur das Echo; denn für die gesammte ultramontane Kirche ist die Selbstständigkeit des Denkens nur in Rom. Das hier Gedachte **wiederholt** die Universalkirche, — je geistloser, um so correcter.

Der Apostel Paulus sagt einmal (II. Cor. 4, 5): „**Wir predigen nicht uns selbst sondern Jesum Christum unsern Herrn, uns selbst aber als eure Knechte um Jesu willen.**" Pius IX. dagegen **predigt immer sich selbst und seinen Stuhl, sich als den Herrn und die Gläubigen als Knechte.** Aus seinen zahlreichen Rundschreiben, Bullen, Breven und Allocutionen könnte man einen ganzen Band **Selbstlob** und Verherrlichungen seines apostolischen Stuhles zusammenstellen. Wo nach der Mahnung des Heilandes die höchste Demuth am Platze wäre, da begegnet uns die größte Selbstüberhebung. Bereits in der Encyclica vom 9. November 1846 findet sich eine absichtliche **Häufung** gedankenlos zusammengetragener und meist falsch verstandener Aeußerungen von Vätern und Concilien, welche den römischen Stuhl und den Pontifex maßlos erheben. Auch die Worte Cyprian's, Rom sei die Hauptkirche, von welcher die priesterliche Einheit ihren Ursprung habe, werden herbeigeholt, freilich unrichtig angewendet. Es wird ferner dort behauptet, Christus habe in dem Stuhl Petri zu Rom „das unüberwindliche Fundament seiner Kirche gelegt;" und die Bischöfe werden ermahnt, „in Allem die Einigung mit der katholischen Kirche, außer der kein Heil sei, und den Gehorsam gegen den Stuhl Petri, auf welchem als dem festesten Fundamente der ganze Riesenbau unserer heiligen Religion ruhe, zu fördern; ja sie werden beschworen, hülfesuchend zu dem Stuhle des Apostelfürsten zu kommen, welcher „das Centrum der katholischen Einheit" sei und die Spitze des Episcopates, von welcher die bischöfliche Würde und deren ganze Auctorität ausgegangen sei. Das heißt mit andern Worten: der Papst ist der Universalbischof und eben dadurch das Princip der kirchlichen Einheit; er ist das Allgemeine, jede andere Auctorität ist nur eine Besonderung aus diesem Allgemeinen und durch dasselbe. —

Von da an zieht sich dieser Gedanke consequent durch die ganze Fluth der päpstlichen Erlasse in der Vielregiererei Pius des Neunten. In der Allocution zu Gaëta am 20. April 1849 sagt er, Rom sei „das Centrum der katholischen Einheit", und in der Allocution vom 9. December 1854 nennt er den Stuhl Petri „das Firmament der katholischen Einheit". — und so wiederholen sich die Aeußerungen dieser Art bei den verschiedensten Anlässen unaufhörlich bis zur Ermüdung. Wie der Apostel Paulus jeden Brief und jede Verkündigung im Worte mit der Verherrlichung Jesu Christi beginnt, indem er versichert, wie gesagt, nichts Anderes zu wissen, als diesen zu predigen, so hebt Pius IX. jedes Schreiben und jede Ansprache damit an, sich selbst und seinen Stuhl zu preisen und als „Säule und Grundfeste der Wahrheit" wie als Centrum, Firmament und Princip der katholischen Einheit der Christenheit und der ganzen Welt zu verkünden. Endlich ist er dahin gekommen, in der Constitution Pastor aeternus, in dem Papst-Decret vom 18. Juli 1870, welches die Bischöfe dem gläubigen Volke beharrlich, den formellen Charakter der Urkunde gegen deren Wortlaut fälschend, als Concils-Decret aufdrängen, eine Reihe von Glaubenssätzen über sich selbst aufzustellen. Unter diesen befindet sich denn auch das falsche Einheitsprincip. Wir lesen dort nämlich das kühne Wort, der ewige Hirt und Bischof unserer Seelen habe in Petrus „das beständige Princip und das sichtbare Fundament der Einheit des Glaubens und der Liebe eingesetzt." Die „Beständigkeit" wird dann darin gefunden, daß Petrus in der ununterbrochenen Reihe der Päpste von Rom fortlebe und daß diese Päpste stets für die Kirche das seien, was jener ihr gewesen.

Daß diese Lehre keine Begründung in der Offenbarung habe, also in der Prätension, ein Dogma zu sein, den Charakter der Irrlehre annehme, wird sich bei der Darlegung des wahren Einheitsprincips deutlich genug zeigen; an dieser Stelle aber soll ihre Absurdität, ihr innerer Widerspruch nachgewiesen werden.

Es steht vor Allem fest, daß die Einheit der Kirche eines ihrer wesentlichen Merkmale ist, so daß, wo sie mangelt, die Kirche nicht ist. Nun wird Jedermann einräumen, daß die Einheit aufhört, sobald ihr Princip auch nur einen Moment nicht vorhanden ist. Daher thut die päpstliche Bulle vom 18. Juli 1870 weise daran, ihrem Einheitsprincip das Prädicat der „Beständigkeit" hinzuzufügen. Das Schlimme ist nur, daß die Hinzufügung ein Akt der Willkür ist, eine leere Behauptung. Wie es thöricht ist, daß der Papst von einem „sichtbaren Fundamente der Einheit des Glaubens und der Liebe" redet, da diese unsichtbaren Kräfte wohl eine sichtbare Wirkung nicht aber ein sichtbares Fundament haben können, so ist es auch widerspruchsvoll in sich selbst, das beständige Princip einer solchen inneren Einheit in der Reihenfolge der Päpste anzunehmen, wie es die Constitution Pastor aeternus thut.

Wäre nämlich der jedesmalige Papst das Princip der kirchlichen Einheit gewesen, so würde die Beständigkeit des Princips faktisch **unmöglich** gewesen sein; denn es gibt Momente, ja ganze Zeitabschnitte in der Geschichte der Kirche, in welchen **kein Papst vorhanden war** und in welchen somit die Kirche aufgehört haben würde zu existiren.

Wir wollen hier gleich dem Einwand begegnen, daß in solchen Momenten ja doch **der apostolische Stuhl** fortbestehe. Es ist schon zu bemerken, daß diese Redeweise: „der apostolische Stuhl", ohne weiteren Zusatz im christlichen Alterthum völlig unverständlich gewesen wäre, da es viele apostolische Bischofssitze gab, und sogar drei, deren Auctorität man auf den Apostel **Petrus** zurück führte. Es ist später freilich, nach der Losreißung vom christlichen Orient, im Abendlande gelungen, diese Vielheit bei den Gläubigen in Vergessenheit zu bringen. Aber jener Stuhl, den zu rühmen Pius IX. nicht müde wird, ist eine abstrakte Phrase ähnlich der neuerfundenen von dem „unfehlbaren Lehramte", das an sich weder denken noch reden noch schreiben kann, trotzdem aber dem gläubigen vatikanischen Volke tiefen Eindruck macht, weil es ein dunkles Etwas zu sein scheint, von dem die reife Frucht der Wahrheit wie durch einen Zauber mühelos in den Schooß fällt — so mühelos, daß es nicht einmal nothwendig ist, dabei etwas zu denken.

Wie die Geschichte überhaupt, so kann auch die Kirchengeschichte nur aus realen Faktoren sich entwickeln. Der Ausdruck: „der apostolische Stuhl" soll ein Amt bezeichnen, ein von einem Apostel (hier angeblich von Petrus) gegründetes Amt. Sofern nun Niemand dieses Amt bekleidet, ist es für die **wirkliche** Welt und ihre Gestaltung durchaus wirkungslos. Nur in einem wirklichen Papste hat der apostolische Stuhl zu Rom **für die Geschichte der Kirche** selbst Wirklichkeit.

Soll nun der apostolische Stuhl zu Rom oder der dortige Bischofssitz das Einheitsprincip und Fundament der christlichen Kirche sein, so ist dies eben nur möglich oder vorstellbar, wenn ein wirklicher Bischof darauf sitzt. Denn die Kirche selbst ist in's Dasein gerufen worden durch eine handgreifliche geschichtliche Thatsache; sie ist ein realer Bestandtheil der Geschichte.

vieler Völker, die derselben ihre Entwickelung und Cultur verdanken. Dieses historische Argument gegen die römische Phrase führt uns auf einen biblischen Beweis gegen das vatikanische Einheitsprincip, der zugleich einen idealen Grund enthält. Die Einheit der durch eine geschichtliche Thatsache entstandenen Kirche kann nimmermehr in einem **abstrakten Begriff** ihr Einheitsprincip haben. Dieses Princip kann nur **ein ewig reales und lebendiges** sein, das keinen Wechsel von Leben und Tod erfährt, noch einem solchen Wechsel unterworfen ist.

In Bezug auf das Einheitsprincip und Fundament der Kirche ist daher durchaus maßgebend, was in dem siebenten Kapitel des Hebräerbriefes so tiefsinnig entwickelt sich findet. Es wird bekanntlich dort die Lehre vorgetragen, daß für uns ein Hoherpriester, ähnlich dem Melchisedech, aufgestanden, „der nicht nach Vorschrift des fleischlichen Gesetzes angeordnet ist, sondern **nach der Kraft eines unauflösbaren Lebens**" (v. 16). Damit sei das Priesterthum des A. B. aufgehoben. Auf unseren Hohenpriester sei anzuwenden das Wort: „Der Herr hat geschworen — es wird Ihn nicht gereuen —: „**Du bist Priester in Ewigkeit!**" Insofern sei nun Jesus der Bürge eines besseren Bundes geworden.

Dann heißt es weiter: „Auch waren jener Priester Viele, weil der Tod ihnen (den einzelnen) wehrte, es zu bleiben; **Dieser (Jesus) aber, weil Er bleibt in Ewigkeit, hat ein unvergängliches Priesterthum. Daher kann er auch immerdar die selig machen, welche durch Ihn zu Gott sich nahen, weil Er zu jeder Zeit lebet, um zu bitten für sie**" (21—25.) Am Schluße des Kapitels heißt Er dann noch „der Vollendete in Ewigkeit." Von Ihm allein als dem ewig lebendigen und Leben spendenden Haupte können die Charismen und Gnaden mit dem Lichte der Wahrheit durch seinen Geist in den mystischen Leib der Kirche einströmen, nicht aber von dem Pontifex zu Rom, der nicht immerdar lebet, den die Christen oft in der Geschichte suchen und siehe, er ist gestorben —, er ist nicht mehr, kann also auch Niemanden selig machen, der durch ihn zu Gott sich nahen möchte. Doch kehren wir zurück zum Nachweis der Momente, wo der Papst nicht war. Wir zeigen damit, daß das vom biblischen und idealen Standpunkte aus unhaltbare vatikanische Einheitsprincip auch historisch sich als Unverstand darthut.

Schon der Umstand, daß nach dem Tode eines jeden Papstes ein solcher Zeitmoment nothwendig eintritt — und währte derselbe auch nur Stunden statt Tage, Monate oder Jahre —, ist beweisend; aber wir haben Thatsachen, welche auch dem minder scharf Denkenden in die Augen springen.

Vor Allem bestand das Papstthum, welches in der erwähnten Constitution Pius IX. dogmatisch bestimmt wird, jener Primat der Universalherrschaft über die gesammte Kirche, in der ganzen großen Periode der Väter gar nicht, nicht einmal usurpatorisch; es hätte die Kirche demnach damals keine Einheit gehabt und folglich nicht existirt. Den Beweis für die Thatsache, der an einer anderen Stelle dieser Schrift geführt werden soll, setzen wir hier voraus.

Ganz augenscheinlich drängt sich der Beweis dem Historiker in der vornicänischen Periode auf. Denn die ganze historische Entwickelung der christlichen Kirche in den drei ersten Jahrhunderten bis einschließlich zu ihrem Abschlusse in dem Concil von Nicäa hat keinen „Universalhirten" der gesammten Christenheit hervorgebracht, und noch viel weniger tritt uns ein solcher entgegen bei der ersten Gründung. Die Literatur jener Zeit kennt weder ein solches Amt, noch einen Titel, welcher ein derartiges Amt bezeichnet hätte. Wenn trotzdem die dem Vatikan unterthänigen römischen Kirchenhistoriker für die erste Periode der Kirchengeschichte ihr Kapitel mit der Ueberschrift: „Der Primat des römischen Bischofs als Einheitspunkt der gesammten Kirche", bringen, so erreicht für den Unbefangenen das Staunen darüber erst seine Höhe, indem man die vermeintlichen Zeugnisse oder die angeblich beweisenden zwei oder drei Thatsachen aus drei Jahrhunderten nach wissenschaftlicher Methode prüft. Aber das Kind hat unter der lehrenden Auctorität des Geistlichen es so auffassen gelernt, und der Mann denkt noch lange wie das Kind, wenn auch mit anderer Ausdrucksweise. Der Verfasser dieser Schrift hat sich zwanzig Jahre lang ernstlich bemüht, den Primatsbeweis aus den ersten Jahrhunderten zu führen, und mit diesen Anstrengungen aufrichtig einer Pflicht zu genügen geglaubt, bis die vaticanischen Ereignisse ihm die volle Unbefangenheit zurückgaben.

Unter Voraussetzung der Thatsache aber, daß das juristische Papstthum in seiner universellen Bedeutung zur Zeit der Väter nicht bestand, schließen wir: hat Pius IX., hat der Vaticanismus Recht mit seiner Behauptung, daß der Bischof von Rom als Universalpapst „das beständige Princip" der Einheit der Kirche sei, „das Fundament, auf welchem der ganze Riesenbau unserer heiligen Religion ruhe", — dann hat es gerade in den Jahrhunderten keine Kirche und keine christliche Religion gegeben, die wir als die glänzendsten eben dieser Religion zu betrachten gewohnt sind. Dieser Schluß ist nothwendig, und doch ist das Resultat absurd; folglich ist jene vaticanische Behauptung selbst unwahr und absurd.

Ferner gibt es aber auch Zeiten in den späteren christlichen Jahrhunderten, wo die Kirche von der Erde verschwindet oder in Trümmer zerfällt, wenn der Papst ihr Fundament und beständiges Princip ist, — die Zeiten nämlich, in welchen faktisch kein Papst existirte. Wir wollen auch aus der ersten Periode längere Sedisvacanzen des bischöflichen Stuhles zu Rom hervorheben, obgleich nach unserer Ueberzeugung ein römischer Bischof damals die Jurisdiction über die Universalkirche nicht einmal in Anspruch nahm, viel weniger also besaß, weil ja für unsere vaticanischen Gegner die Fiktion besteht, daß damals schon ihr dreifach gekrönter Papst in dem Bischofe von Rom residirt und den Fußkuß entgegengenommen habe. Für sie sind also auch die damaligen Zeitlücken beweiskräftig.

Wir wollen uns aber der spärlichen und unsicheren Notizen wegen bei Vermuthungen über Unterbrechungen der Reihenfolge der römischen Bischöfe vor dem Jahre 250 nicht aufhalten und gleich mit diesem beginnen. Es sei nur noch bemerkt, daß allein die längeren von der Geschichte aufbewahrten Sedisvacanzen hier erwähnt werden.

Nach dem Tode Fabian's im Frühjahre 250 blieb der römische Bischofsstuhl unbesetzt bis zur Wahl des Cornelius im Frühjahre 251. Ferner hatte Rom keinen Bischof vom 6. August 258 bis zum 21. Juli 259, — beinahe 1 Jahr; dann vom October 304 bis Mai 307, also britthalb Jahr u. s. w. Gehen wir nun aber zu der Zeit über, wo das jetzige Papstthum mit seinen überspannten Ansprüchen auf absolute Weltherrschaft kraft Gottes-Statthalterschaft schon bestand.

Von dem Tode Clemens IV., d. i. vom Jahre 1268 bis zur Wahl Gregor X. im Jahre 1271, also etwa drei Jahre gab es durch die Schuld der Cardinäle und des französischen Einflusses keinen Papst. Aus ähnlichen Gründen erfolgte eine mehr als zweijährige Sedisvacanz nach dem Tode Clemens V. (1314 vom 19. bis 20. April) bis zur Wahl Johannes XXII. am 7. August im J. 1316, welche Wahl nach dem Ausspruche des Jesuiten Damberger auch erst dadurch geschah, daß „die Pariser-Politik im Conclave siegte" (Synchron. Gesch. XIII. S. 376.) Im Jahre 1378 erfolgte eine Doppelwahl, und seitdem gab es einen Papst in Rom, Urban VI., und einen zu Avignon, Clemens VII. Zu Rom folgte dann 1389 Bonifacius IX., von 1404—1406 Innocenz VII., von 1406 an Gregor XII.; zu Avignon seit 1394 Benedict XIII. Ein Concil zu Pisa setzte 1409 beide Päpste ab, und es wurde Alexander V. gewählt, der im folgenden Jahre starb; dann Johannes XXIII. Aber die beiden zu Pisa abgesetzten Päpste wichen nicht und so gab es drei Päpste, bis es dem Concil zu Constanz gelang, alle drei zu entfernen. Seit dem 29. Mai 1415, dem Tage der Absetzung Johannes XXIII., hatte die Kirche nach der Anschauung des allgemeinen Concils keinen Papst bis zur Wahl Martin V. am 11. November 1417, also beinahe britthalb Jahr. Allein die ganze Zeit vom Frühjahr 1378 bis in den November 1417 war die Kirche nach dem Grundsatze: Papa dubius, Papa nullus, — „ein zweifelhafter Papst, gar kein Papst," — ohne

Papst. Denn die Gegenpäpste, die einander excommunicirten, waren, wie unleugbare Rechtsgründe zeigen, beide ungesetzlich gewählt. Beide bildeten nun ungesetzliche, eigene Obedienzen, wie man sich bezeichnend ausdrückte mit Bezug auf den juridischen Charakter der Kirche und ihrer Einheit, auf beiden Seiten gab es Cardinal-Collegien und Bischöfe ganzer Länder, je nach dem Anhange der Italiener und der Franzosen, die nach dem Besitze des Papstthums rangen und darum kämpften, — **auf beiden Seiten befanden sich Personen, welche später von der ganzen abendländischen Kirche zu den Heiligen gezählt wurden!** Seit 1409 gab es drei solcher Obedienzen, und die Christenheit des Abendlandes (der Orient war ja getrennt) konnte beim besten Willen nicht wissen, wo der rechte Papst sei. Nach den allgemeinen Kirchengesetzen war es keiner, und somit mangelte der Kirche beinahe 40 Jahre, — eine Zeit, innerhalb welcher eine ganze Generation kommt und geht, — nach der vaticanischen Lehre das beständige Princip und das Fundament der Einheit, und damit wäre also die Kirche im heutigen päpstlichen Sinne selbst nicht mehr vorhanden gewesen. Aber die Theoretiker im Vatican werden bei ihrem dogmatischen Aufbau von der Geschichte nicht beunruhigt, — weil sie nichts davon wissen. Ihre Stirn kennt daher auch in solchen Widersprüchen gegen die sonst offenkundige Geschichte das heilige Feuer der Scham nicht mehr. — Auch das ist zu beachten, daß, abgesehen von dem maßlosen römischen Machtanspruch, der Zweck jener falschen Lehre von dem Einheitsprincip der Kirche offenbar der ist, die Kirche als eine immer sichtbare und stets erkennbare, ja in der Person des Papstes greifbare zu besitzen. Aber das gerade Gegentheil wird erreicht, daß nämlich bei consequenter Anwendung jener Lehre die Kirche in ganzen Perioden der Geschichte unserem Auge verloren geht und daß ganze Generationen in ihrer Gegenwart sie nicht finden können. Diejenigen also, welche heutzutage unablässig rufen: „Wo Petrus ist, da ist die Kirche", und in durchaus falschem Verständniß jener Worte des hl. Ambrosius damit meinen: „Wo der Papst ist, da ist die Kirche, denn wo er ist, da ist das Princip der Einheit, wer sich ihm nicht unterwirft, der ist von der Einheit der Kirche getrennt," — wissen nicht, in welche unauflösliche Widersprüche sie sich verwickeln.

§ 3.
Beschaffenheit der kirchlichen Einheit durch den Papst.

Auch die Beschaffenheit der vaticanischen Einheit verurtheilt ihr Princip. Der Papst mag sein Amt noch so sehr mit göttlichen Prärogativen ausstatten: es bleibt immer der Mensch, der denkt, redet und handelt; daß dies Gott in ihm thue, ist nur eine unerwiesene und unerweisliche vermessene Behauptung der päpstlichen Presse, der Civiltà cattolica. Es ist daher unmöglich, daß die durch ihn bewirkte Einheit die Qualität oder wesentliche Beschaffenheit einer Einheit des Glaubens und der Liebe habe. Zwar sagt der Papst (Decret vom 18. Juli 1870, die Constitution Pastor aeternus) eben dieses, was wir für unmöglich erklären, daß nämlich die Einheit durch den Papst sich wesentlich offenbare als Glaubenseinheit und Liebesgemeinschaft; allein das ist ein Widerspruch in sich selbst, wie denn überhaupt diese wunderliche, auf den Beifall der Mönche, des an Privilegien hängenden Feubalabels, der Betschwestern und der fetischbedürftigen Menge berechnete Bulle fast nur aus Widersprüchen in den behaupteten Sätzen wie in ihrer Motivirung aus Wort- und Sinnesfälschungen besteht. Sollte der Papst das Princip der Uebereinstimmung im Glauben und der Einigung in der Liebe sein, so müßte er dem Geiste der Gläubigen innerlich gegenwärtig sich erweisen und einen Strom der Erleuchtung und Gnade durch ihre Herzen leiten. Allerdings schärft nun auch die Civiltà cattolica eindringlich ein, „es sei nicht genug, daß das Volk wisse, daß der Papst das Haupt der Kirche und der Bischöfe sei, — es müsse auch Verständniß dafür haben, daß von ihm (dem Papste) sein eigener

Glaube, von ihm sein eigenes (des Volkes) religiöses Leben ausströme, daß in ihm das Band sich befinde, welches die Katholiken untereinander zur Gemeinschaft verknüpfe, die Kraft, welche sie stärke, der Führer, der sie leite, — daß er der Ausspender der Gnadengaben des Geistes, der Promotor (der autorisirte Verleiher) der Wohlthaten, welche die Religion gewährt, der Erhalter der Gerechtigkeit, der Beschützer der Unterdrückten sei." [1] Das sind alles Prärogativen und Funktionen, welche in der h. Schrift, von den Vätern und den kirchlichen Hymnen und Gebeten direkt dem h. Geiste zugeschrieben werden. Gewissermaßen die Begründung dieses gottähnlichen Verhältnisses des Papstes zu dem Geiste der Gläubigen enthält die folgende spätere Auseinandersetzung der officiellen päpstlichen Presse. Nachdem sie in ihrer oberflächlichen Weise von der Offenbarung gesprochen, fährt sie fort:

„Die Schätze dieser Offenbarung, die Schätze der Wahrheit, die Schätze der Gerechtigkeit, die Schätze der Charismen" (d. i. der unmittelbar vom Geiste Gottes nach freier Wahl einzelnen Gläubigen kraft der Erlösung und behufs Zuwendung derselben zu verleihenden übernatürlichen Gaben, wie sie Paulus den Römern und Corinthern namhaft macht) „wurden von Gott auf Erden in die Hände eines Menschen, welcher deren alleiniger Ausspender und Hüter sein sollte, gelegt....., und dieser Mensch ist der Papst. Das liegt eben

---

[1] Non basta che il popolo sappia essere (il Papa) il capo della chiesa e dei vescovi; bisogna che intenda da lui derivare la propria fide, da lui la propria vita religiosa, in lui residere il vincolo che unisce insieme i cattolici, la forza che li convalida, la guida che li dirige, — lui essere il dispensiere delle grazie spirituali, lui il promotore dei beneficii che la religione impartisce, lui il conservatore della giustizia, lui il protettore degli oppressi. Bd. XII. p. 86. f. Jahrgang 1867. Die Stelle ergeht sich noch weiter in Ueberschwenglichkeiten. Wir richten hier vor Allem das Auge auf das Verhältniß, welches dem Papste zum inneren Menschen gegeben wird.

in seiner Benennung: Stellvertreter Christi. Denn wenn er
die Vertretung Christi auf Erden hat, so will dies besagen,
daß er in der Welt das Werk Christi fortsetzt, und daß er
in seinem Verhältnisse zu uns eben das ist, was
Christus selbst (uns) sein würde, wenn er selbst in
eigener Person und sichtbar hienieden die Kirche
regierte."[1]

Angesichts dieser Auffassung erinnert Janus (S. 42) mit
voller Berechtigung an jene von den Jesuiten ausgegangene und
angeregte Literatur, in welcher der Papst kurzweg als „Vicegott" bezeichnet wird. Denn le voci di Christo werden von
der Civiltà cattolica nicht anders aufgefaßt als in dem Sinne,
daß der Papst wirklich göttliche Funktionen ausübe, das Werk
Christi auf Erden fortsetze und genau dasselbe den
Gläubigen sei, was Christus in selbsteigener sichtbar erscheinender Person ihnen sein würde. Pius IX.
hat diese Auffassung vollständig sich angeeignet und ihr einen
noch drastischeren Ausdruck gegeben. Bei Gelegenheit der Feier
des 18 hundertjährigen Gedenktages des angeblich zu Rom gleichzeitig erfolgten Martyriums der Apostel Petrus und Paulus
hielt der Papst in einem Consistorium vor den Cardinälen und
500 Bischöfen am 26. Juni 1867 eine Allocution, die an Ueberhebung vor den Menschen wohl nur durch die Bulle Pastor
aeternus übertroffen wird, aber an Anmaßung vor Gott
ihres Gleichen sucht. Er bekennt zuerst, wie sehr ihn der
Anblick so vieler Vasallen ergötze, die aus allen Weltgegenden
auf seinen Wunsch durch ihren „Pietäts-Instinct" (pietatis

---

[1] J tesori di questa rivelazione, tesori di verità, tesori di giustizia, tesori di carismi, venero da Dio depositati in terra nelle mani di un uomo, che ne è solo dispensiere e custode . . . . . quest' uomo è il Papa. Ciò evidentemente è racchiuso nella sua stessa appellazione di Vicario di Christo. Imperocchè se egli sostiene in terra le veci di Christo, vuol dire che egli continua nel mondo l'opera di Christo ed è rispetto a noi ciò che sarebbe esso Christo, se per sè medesimo e visibilmente quag- giù governasse la chiesa. Bd. III. p. 259. Jahrgang 1868.

instinctu) nach Rom geführt worden, um als zur Theilnahme an seiner Sorge Berufene in den unheilvollen Zeitverhältnissen ihm auf's Eifrigste zu helfen, seinen Kummer zu mildern und mit jedem Tage mehr Proben ihrer Dienstbeflissenheit für den Stuhl Petri zu geben. Seiner maßlosen Freude über diese Unterwürfigkeit der fremdländischen Bischöfe gegen ihn weiß er in keinem Ausdrucke Genüge zu thun. Dann fährt er fort: "Nichts kann mir erwünschter, nichts angenehmer sein, als in euerm Kreise mich zu bewegen und aus euerer Vereinigung mit mir Nutzen zu ziehen, zumal bei der Begehung jener Feste, an welchen Alles, was vor Augen schwebt, redet von der Einheit der katholischen Kirche, von dem unbeweglichen Fundamente der Einheit (d. h. von dem Papste als dem beständigen Princip und Centrum der Einheit), von dem hervorleuchtenden Eifer, sie zu schützen und zu bewahren, und von dem Ruhme dieses Eifers. Von jener wunderbaren Einheit nämlich redet Alles, aus welcher, wie aus einer Ader die Charismen und Gaben des göttlichen Geistes in den mystischen Leib Christi einströmen und in dessen einzelnen Gliedern jene, so großen Vorbilder des Glaubens und der Liebe erwecken, welche das gesammte Menschengeschlecht zur Bewunderung fortreißen." [1]

Das „unbewegliche Einheits-Fundament" wird dann auch noch bezeichnet als „die unbewegliche Burg der katholischen Einheit", welche die Apostel Petrus und Paulus mit ihrem Blute zu Rom eingeweiht hätten, und die Erscheinung der Einheit in

---

[1] De illa scilicet admirabili unitate loquuntur, qua veluti quadam vena Divini Spiritus charismata et dona in mysticum Christi corpus manant ac in singulis eius membris tanta illa fidei et caritatis exempla excitant, quae universum hominum genus in admirationem impellunt. Man vergleiche damit die angeführte Stelle aus der Civiltà cattolica von demselben Jahre 1867, und man wird sich überzeugen, daß entweder auf der einen oder auf der anderen Seite „das getreue Echo" ist, — vollständige Identität und Solidarität. —

der „pietätvollen und einmüthigen Verbindung der Bischöfe mit dem apostolischen Stuhle" näher charakterisirt.

In der Antwort der 500 Bischöfe vom 1. Juli 1867 vernehmen wir keinen Schrei des Entsetzens über die Blasphemie, welche darin liegt, daß ein Mensch sich über den mystischen Leib Jesu Christi erhebt und verheißt, daß aus der Einheit mit ihm, d. h. aus der absoluten blindgehorchenden Hingebung an ihn, in den geheimnißvollen Leib der Kirche die Charismen und Gaben des göttlichen Geistes einströmten, sondern wir hören nur den athemlos wiederholten Ruf des Entzückens, **daß sie die Papstfeste mitverherrlichen dürfen**, ein Jauchzen wegen der „süßen Erinnerung" daran, daß 300 von ihnen fünf Jahre vorher von dem „liebreichsten Vater" auch gewürdigt wurden, **bei der Heiligsprechung der Japanesischen Märtyrer** zugegen zu sein und den äußeren Pomp durch 300 bischöfliche Figuren zu erhöhen. Kein Panegyriker der byzantinischen Kaiser würde dieses Schreiben überboten haben. Ihr Herz ist zum Tode verwundet durch die vielen Uebel, welche die „Kirche" (d. h. die Macht des Papstes) getroffen, allein durch den Anblick seines väterlichen Angesichtes erholen sie sich aus ihrer Schmerzensohnmacht. Die größte Freude haben sie, daß der Papst so viele neue Heilige in die Verzeichnisse der Kirche eingeschrieben hat! Da gibt es „Rosen und Lilien". Der Papst öffnet den Himmel und zeigt den Sterblichen die himmlischen Preise der Tugenden; der Himmel selbst jauchzt entzückt über die Glorie der neuen Heiligen, — doch es ist nicht zum Lesen! Es klingt wie die bitterste Ironie, aber es ist ein offizielles Aktenstück. Daß solche Bischöfe so schmählich die Wahrheit im Stiche lassen würden, wie sie es beim vaticanischen Concil gethan, war vorauszusehen.

Das Thema von dem Papst und seinem Stuhl wiederholen und variiren sie nach Wunsch. Sie schauen da in der Centenarfeier „die unbewegte Festigkeit jenes Felsen, auf welchen unser Herr und Erlöser den gewaltigen Bau seiner Kirche und ihre Beständigkeit gründete; sie sehen es mit Augen, wie es durch

göttliche Macht geschehen ist, daß der Stuhl Petri, das
Organ der Wahrheit (organum veritatis), das Centrum der Einheit (unitatis centrum), das Fundament und
die feste Burg der Freiheit der Kirche (!) bei so vielem Schicksalswechsel und unabläßigen Angriffen der Feinde nun länger
als 18 Jahrhunderte fest und unversehrt bastehe"; er ist ihnen
der Leuchtthurm, der Leitstern, zum Hafen des Heils. Was
will man mehr! Sie haben nichts Angelegentlicheres zu thun,
als, was der Papst glaube und lehre, ebenfalls zu
glauben und zu lehren; sie sind überzeugt, daß sie ihm
folgend auf den Wegen des Herrn wandeln. Und nun entströmt
ein Lob dem Munde der Bischöfe über die Thaten Pius IX. —
Du, Du, Du heißt es —, daß der Papst, wenn er vom christlichen Geiste bewegt gewesen wäre, hätte schamroth in sein
innerstes Gemach flüchten müssen zu einem Gebete um die Rettung aus der Hand der Schmeichler. Noch in Nr. 614 der
Civiltà cattolica (15. Januar 1876), welche die wahnwitzigsten
Faseleien und Lügen über „die Wunder", welche angeblich zu
Lourdes und im Vatican geschehen, enthält, werden auf Pius IX.
die von Petrus zu Christus gesprochenen Worte angewandt:
„Du hast Worte des ewigen Lebens" (Joh. 6, 69),
ja sogar die Worte, welche der Herr als Erlöser von Sich Selbst
ausjagt: „Wenn Ich von der Erde erhöht sein werde, werde
Ich Alles an Mich ziehen" (Joh. 12, 32) läßt sie von diesem
unseligen Papste gelten, der sich dadurch geschmeichelt fühlt. Und
die Mutter Gottes, heißt es, liebe den im Vatican gekreuzigten
Pius wie ihren gekreuzigten Sohn. Doch genug hievon! Pius IX.
behauptet auch in dem Breve vom 6. Juli 1874 an die Generalversammlung der „kath. Comité's in Frankreich", daß er
der unerschütterliche Fels sei, aus dem, einer Quelle gleich, alles
Leben über die Kirche sich ergieße. „Die Quelle aller
Wahrheit und Gerechtigkeit" nannte ihn die Versammlung der Ultramontanen zu Paris am 4. April 1872, und
Pius IX. segnete sie dafür. —

Wir können also die Lehre des Papstes und der päpstlichen

Preſſe von dem Einheitsprincip der Kirche zugleich die der ganzen vaticaniſchen Hierarchie nennen. Allein wenn ſich auch noch eine unabſehbare Schaar von **Prieſtern und Laien derſelben Lehre anſchließt, ſo bleibt ſie dennoch falſch und unbedingt verwerflich.**

Es iſt **unmöglich**, daß ein Menſch das **Princip der Glaubenseinheit** werde; der **Urheber unſeres Glaubens iſt Chriſtus,** der allein die **Wahrheit** und deſſen **Geiſt „das Organ der Wahrheit"** iſt. Ebenſowenig kann ein Menſch **das Princip der Einheit in der Liebe** werden; nur durch die Liebe, die ausgegoſſen iſt in unſeren Herzen, indem der hl. Geiſt in denſelben Wohnung nimmt, der ſelbſt in uns betet mit unausſprechlichem Seufzen, d. h. in himmliſcher Sehnſucht, deren Inhalt keine Sprache auf Erden vollkommen ausdrückt, beſteht die Liebesgemeinſchaft unter den Chriſten, welche die Einheit im Geiſte iſt. Es iſt ſubjektiv das höchſte Maß des Wahnwitzes, wenn der Papſt ſich **über den myſtiſchen Leib Chriſti erhebt,** der doch nur durch das **Innewohnen Chriſti mit ſeinem Geiſte** deſſen myſtiſcher Leib iſt, und behauptet, aus der Verbindung der Biſchöfe mit ihm ſtrömten dieſem Leibe die Charismen und Gaben des göttlichen Geiſtes ein, wie es objektiv eine Blasphemie iſt. Auch tritt hierbei die Abſurdität hervor, daß der Papſt durch die Einheit mit ſeiner Amtsperſon die Charismen und Gaben des göttlichen Geiſtes erſt der Kirche zufließen läßt, während umgekehrt die wahre Einheit der Kirche durch eben jene ihr innerlichen Gnadenſtrömungen erzeugt wird. Sie ſind die **Urſache der Einheit, nicht ihre Wirkung.**

Niemals kann die durch den Papſt in der Chriſtenheit etwa geſchaffene Einheit die des Glaubens und der Liebe ſein, weil er als Menſch dem Menſchen äußerlich bleibt und daher ſelbſt, wenn er jene Kräfte ſtets vollkommen in ſeiner Perſon beſäße, ſie nicht **innerlich** dem Geiſte der Gläubigen mittheilen könnte. Vielmehr iſt die durch den Papſt allein mögliche Einheit ihrer **Qualität, ihrem Charakter nach lediglich juridiſcher**

Natur. Sie kann nur unter dem Begriffe des Rechtsverhältnisses aufgefaßt werden. Ist der Papst das Princip der kirchlichen Einheit, so kann diese sich nicht anders offenbaren als **in einem äußeren Bande**; er macht Gesetze in juristischer Form und die Gläubigen werden unter Drohungen verpflichtet, sie zu befolgen: das ist Alles. **Es ist die Einheit des Herrschers und der Unterthanen.** Und in der That, alle Einheitsbestrebungen, die von Rom ausgegangen sind, tragen den juridischen Charakter an sich: Alles, Lehre, Moral, Sakrament, Cultus überhaupt ist **in die Form des Gesetzes** gekleidet. Die Lehren der Offenbarung, die Freude des Menschengeschlechts, sind in **Strafparagraphen** eingetheilt; die **göttliche Mahnung**: „Liebet einander", ist zur **Vorhaltung einer Fülle von Todsünden** geworden, die Anbetung Gottes im Geiste und in der Wahrheit ist in ein „du sollst" umgewandelt und **zum Gebote der Furcht** geworden. Der Inbegriff der römischen Religion ist ein Riesen-Strafcodex geworden und mußte dazu werden, sobald der Papst zu Rom sich selbst als Einheitsprincip der Kirche proclamirte.

§ 4.

Die Mittel, die kirchliche Einheit im Papste herzustellen.

Ebenso erweisen die Mittel, die vaticanische Einheit herzustellen, das Princip als ein falsches. Die Mittel, die Einheit der Kirche in dem Papste als Centrum zu bewirken, sind nämlich **Befehl und Strafe** und diplomatische Künste. In Erfindung und Anwendung dieser Mittel haben die Päpste nun allerdings unendlich viel und Staunenswerthes geleistet, wobei Pius IX. ex cathedra ihnen das Zeugniß (pro domo freilich) giebt, daß sie niemals die Grenzen ihrer Gewalt überschritten. Wenn man mit unbefangenem Sinne die Reden des Herrn an die Apostel dagegen liest, empfängt man den Eindruck, daß in den Gemeinden der „Hausgenossen Gottes" überhaupt gar nichts gebieterisch befohlen werden solle; so oft die Apostel

Miene machen, im künftigen Reiche Gottes auf Erden Herrschaft zu beanspruchen, wird es ihnen von dem Meister scharf verwiesen, — in der Kirche, so belehrt er sie dann, werde es nicht sein, wie im Staate, in jener gebe es kein Ueberherrschen der Völker, vielmehr seien die Vornehmen als die Diener ihrer Brüder zu erachten. Aber die Päpste haben, indem sie behaupteten, „die Fülle der Gewalt" zu besitzen, und dabei vergaßen, daß in der Kirche nach dem Gebote ihres göttlichen Stifters die Fülle der Liebe walten sollte, doch mehr, härter und einschneidender in alle Verhältnisse des menschlichen Daseins und Lebens befohlen und vergewaltigt, als irgend jemals weltliche Tyrannen unter den Heiden.

Der h. Bernard von Clairvaux schreibt an den Papst Eugen III., ausgehend von der Voraussetzung, daß der Papst von Rom der Nachfolger und Erbe des Amtes des Apostels Petrus sei, was freilich nie bewiesen werden kann, folgende Worte:

„Jener (Petrus) konnte Dir nicht geben, was er nicht hatte. Was er hatte, das gab er Dir: die Sorge für die Kirchen. Meinst Du, das Recht zu herrschen? Hör' ihn selbst: „Seid nicht gebieterisch über das Erbtheil, sondern ein Vorbild der Heerde (von Herzen)." (Petr. 5, 3). Und damit Du nicht denkest, das sei blos aus Demuth gesagt und nicht auch nach der Wahrheit (d. h. hier nach dem objectiven Verhältnisse, wie es Christus angeordnet), so haben wir das Wort des Herrn im Evangelium: „Die Könige der Völker überherrschen sie, und welche Gewalt üben über sie, die werden Wohlthatenspender (gnädige Herren) genannt", und Er fügt hinzu: „Ihr aber nicht also!" (Luc. 22, 25—26). Das ist klar! Den Aposteln wird das Herrschen untersagt. Nun geh' Du also hin und wage es, als ein Herrschender dir den Apostolat, oder als ein Nachfolger der Apostel die Herrschaft über etwas anzumaßen! Willst du beides zugleich haben, so richtest Du beides zu Grunde. Glaube übrigens nicht, daß Du in diesem Falle von der Zahl derer ausgenommen seist, über welche Gott also klagt: „Jene haben die Herrschaft ergriffen, doch **nicht von mir erhalten; Fürsten sind aufgestanden, und ich wußte nichts von ihnen.**" (Osee. 8, 4).[1]) Mit dieser seiner Theorie fand nun der h. **Bernhard** Papst und Curie im grellsten Widerspruche; er sah sie nicht blos in weltliche Händel unablässig verwickelt und geistliche und weltliche Herrschaft in Einer Hand und zwar vermischt, sondern er erkannte auch zu seinem Schrecken, daß die staatlichen Formen auf die Kirche übertragen waren, **daß das Institut der Liebe zu einer juristischen Anstalt geworden.** Er begegnet in Rom einer Prozeßführung, von welcher er sagt, sie sei nicht nur der Kirche sondern sogar des weltlichen Gerichtshofes unwürdig, ja ganz verabscheuungswerth.[2]) „Ich bitte Dich", so schreibt er dem Papste, „was soll dies Processeführen und Anhören Streitender vom frühen Morgen bis zum Abend? Und o, daß es genug wäre an des Tages böser Qual! Auch die Nächte sind nicht frei.... Der Tag lehret den Tag die Processe, und die Nacht verkündet der Nacht die bösen Ränke."[3]) „Tag um Tag hallt dein Palast wieder von den Gesetzen, aber **von den Gesetzen Justinian's, nicht des Herrn!** Ist's auch recht so? Da sieh Du zu! Denn das steht fest: „das Gesetz des Herrn ist makellos und bekehrt die Seelen"; jene aber sind nicht so sehr Gesetze (Normen höherer Ordnungen) als Processliche und sophistische Streitreden, welche das gerechte Gericht zerstören."[4])

---

[1]) De consideratione. Bd. II. 6.
[2]) L. 10.
[3]) I, 3. Pf, 18 (19) V. 2. heißt es: „Der Tag lehret den Tag das Wort (von der Herrlichkeit Gottes), und die Nacht giebt der Nacht die Kunde davon," Schreiender konnte Bernhard den Widerspruch der römischen Curie mit der Offenbarung nicht ausdrücken als durch jene Anwendung dieser Schriftstelle. Die römische Curie ist eine Parodie der Offenbarung.
[4]) B. I, c. 4. Die Bibelstelle findet sich in Pf. 18, 8. Die richtige Uebersetzung ist: „Das Gesetz des Herrn ist vollkommen und tröstet die Seele."

Der heilige Bernhard hat um die Mitte des 12ten Jahrhunderts dieß Zeugniß gegeben, aber die schlimmsten Zeiten sollten erst kommen. Schon damals war es offenbar, daß der Gesetzescodex der römischen Curie keineswegs aus dem Geiste des Evangeliums geflossen, nicht nach der Richtschnur der Vorschrift des Herrn angelegt war, nicht das Gebot der Liebe und die Unverletzlichkeit der Freiheit der Kinder Gottes zum Ziel hatte, sondern eine Copie kaiserlicher Gesetze war, ein eitles Menschenwerk, ersonnen aus Herrschsucht und Verweltlichung.

Die Päpste haben Befehle erlassen, Gesetze gemacht. Die Zahl derselben ist Legion. Während der Heiland alle Gesetze für das religiöse Leben auf Eins zurückführte, haben die Päpste eine Vielheit der Gesetze geschaffen, in welchen weder Einheit ist noch eine Gesammtheit begrenzt werden kann. Indem sie zunächst alle Christen, dann die ganze Welt ihrer Herrschaft unterwerfen wollten, eine äußere juridische Einheit anstrebend, war endlose Zersplitterung in Allem ihr Loos. Die Voraussetzung zu diesem Vorgehen ist, was Abbé J. Morel in seinen Conferenzen zu Angers predigte: „Der Papst ist der alleinige, ausschließliche Eigenthümer (Propriétaire) der Christenheit"! —

Je umfangreicher das Gebiet der Papstherrschaft wurde, je mehr die Päpste die juristische Einheit in Glaubensgesetzen und in dem Aeußeren der Sitte und des Cultus erreichten, desto mehr löste sich oder zerriß gar das innere Band, welches die wahre Einheit des Glaubens und der Liebe um die Herzen geschlungen hatte; je weniger es ihnen andrerseits gelang, wirklich die ganze Christenheit in ihren Gehorsam zu bringen, desto despotischer wurden ihre Befehle, desto unmenschlicher die Strafen. In den Strafen haben sie es den grausamsten Christenverfolgern auf heidnischem Kaiserthrone durch ihre Inquisitoren zuvor gethan. Sie haben es nicht unterlassen, in feierlichen Cathedralbullen zu versichern, das Verbrennen der Ketzer, d. h. nicht selten, ja in der Regel der am meisten wahrheitliebenden Christen, der aufrichtig religiösen und edelsten Menschen, sei ein Werk, **das der heilige Geist durch sie vollbringe;** Jeder, der dem Papste nicht gehorche, habe das Recht zu leben verwirkt und müsse sterben (Vgl. Leo X., Bullen von 1519 und 1516). Und wie sterben! Die Schrecken der Inquisition sind mit unauslöschlich flammenden Zügen in die Weltgeschichte eingeschrieben. Spanien allein hat Millionen seiner Bewohner durch dieselbe verloren. Die Zahl derer aber, die durch päpstliche Strafen und Verfolgungen im Namen und Interesse des Papstes im Verborgenen verschmachteten, im Geheimen verbluteten und im Stillen sich zu Tode quälten, kennt Niemand. Indem die Päpste die Christen zur Einheit unter ihrer Herrschaft **zwingen** wollten, ist ihre Kirche so recht das **Reich der Strafen** geworden, — der Schrecken der civilisirten Völker. Der Heiland schied **das Schwert vom Kreuze,** das letztere für sich und seine Jünger wählend. Aber in Folge des falschen Einheitsprincips verkünden die Jünger des Vaticans: „Das Schwert und **darüber das Kreuz: das ist das wahre Symbol der christlichen Civilisation"** (Bischof **Freppel** von Angers). Im Namen des Kreuzes soll über die Völker das Schwert geschwungen werden! Am 25. April 1875 rief der Bischof **Lavigerie** in der Kathedrale zu Algier: „Niemanden auf der Welt macht der Herr sich so sichtlich zu Mitgehülfen in der Leitung der menschlichen Geschicke als **neben den Verkündigern der Wahrheit die Kriegsleute"** Neben dem Priester muß ein Soldat stehen: so fordert es das Einheitsprincip.

Aber auch in den **diplomatischen** Künsten sind die Päpste unermüdlich gewesen und an Erfindungen unerschöpflich. Ihre Curie hat die weltlichen Höfe weit übertroffen, — seit sie den modus vivendi der Concordate erdacht, stets überlistet; das Concordat ist der verkörperte Sieg der curialistischen Diplomatie. Sie hat sich lange Zeit hindurch den Ruhm der diplomatischen Meisterschaft verdient und bewahrt, indem sie es freilich an Verschlagenheit, Lüge und selbst Eidbruch nicht hat fehlen lassen. Auch diese Thätigkeit der Päpste und ihrer Curie war nothwendig, sobald sie die Lehre zur Geltung bringen wollten, der Papst sei das Princip der Einheit der katholischen Kirche. Um ihre Jurisdiction über die Unterthanen fremder Souveräne auszuüben, um in deren Ländern Gesetze zu verkünden, Beamte zu halten, zu strafen an Gut, Ehre, Leib und Leben, mußten sie durch diplomatische Verhandlungen die Einwilligung der weltlichen Fürsten gewinnen, welche dann auch schließlich immer bereitgefunden wurden, Millionen ihrer Unterthanen gebunden zu den Füßen des Statthalters Gottes zu Rom niederzuwerfen und auf dessen Wink Schergendienste an denjenigen zu thun, die sie zu schützen hatten, — zu schützen nach Gottes Anordnung. —

§ 5.
Die Wirkungen des falschen Princips der Einheit.

Am augenscheinlichsten aber zeigen die Wirkungen, daß das vaticanische Einheitsprincip Verderben sät und Unheil erntet. Wären jene Mittel, das falsche Einheitsprincip zu realisiren, angewandt zur Zeit von der ersten Macht der Welt unter Dienstleistung der Kaiser und Könige, nur halb so wirksam gewesen als die menschliche Klugheit der Päpste voraussetzte, daß sie wirken würden, so gäbe es keine Hütte und keinen Palast mehr auf Erden außerhalb der „päpstlichen Einheit", d. i. der **päpstlichen Universalmonarchie**. Allein die ex cathedra erlassene und vom fünften Lateranconcil bekräftigte Behauptung, daß es „aller Creatur zur Seligkeit nothwendig sei, dem Papste unterthänig zu sein", ist heute von mehr als einer Milliarde Menschen nicht anerkannt und somit bis jetzt nur **ein ohnmächtiger Machtanspruch** geblieben und immer weniger ist alle menschliche Obrigkeit dazu bereit, dem Papste alle Menschen zu unterwerfen.

Das Einheitsprincip im römischen Papste hat sich uns dadurch schon als falsch erwiesen, daß es, statt die Sichtbarkeit und Greifbarkeit der Kirche zu allen Zeiten zu verbürgen, die

Kirche vielmehr in großen und kleinen Zeiträumen ganz verschwinden läßt vor unseren Augen. Auch daß es zu seiner Verwirklichung Mittel fordert, durch welche die Kirche das Gebiet der Religion verläßt, und die Form eines weltlichen Tyrannenstaates, in welchem Gewalt und List herrschen, annimmt, beweist gegen dasselbe. Indem wir uns jetzt also den **Wirkungen** zuwenden, fragen wir zunächst nach **dem direkt erzielten Erfolge.**

Dieser Erfolg, die hervorgebrachte Wirkung jenes **juristischen Einheitsprincips** in Bezug auf den äußeren Umfang der **erreichten papstkirchlichen Einheit juridischer Art** ist sehr entmuthigend, selbst wenn wir davon absehen, daß Christus für **alle** Menschen ohne Ausnahme gestorben ist und die **Katholicität**, welche innig mit der Einheit zusammenhängt, die Tendenz in sich schließt, **daß diese alle Völker umspanne.** Noch **kein Sechstel** der Gesammtbevölkerung der Erde gehört heute auch **nur dem Namen** nach der römisch-katholischen Kirche an. Die geläufige Angabe von 200 Millionen ist jedenfalls zu hoch. Die Gesammtzahl der Christen wird kaum 3½ Hundert Millionen betragen; davon sind aber gegen 165 Millionen Christen der römisch-katholischen Kirche nicht angehörig. Dadurch, daß der römische Papst sich selbst als das Princip der Einheit, Unterwerfung unter seine Auctorität fordernd, hingestellt hat, ist also **faktisch nicht** Einigung erreicht worden, sondern **Spaltung.** Es ist nahezu die Hälfte der ganzen Christenheit, welche sich einer Jurisdiction des römischen Papstes nicht fügt, und in seine Obedienz sich nicht begeben will. Und es ist ferner ein offenes Geheimniß, daß unter den römischen Katholiken selbst wieder **die weitaus größere Zahl der Laien,** soweit für deren Vergewaltigung der weltliche Arm sich dem Papste nicht mehr darbietet, um **dessen Befehle sich nicht kümmert,** so daß das römische Principium unitatis in der That nur den geringeren Theil der Christenheit und zwar auch diesen blos zu einer **äußeren juridischen Einheit** geführt hat und führt.

Hiezu kommt nun heute noch der innere Kampf des Altkatholizismus, der immer größere Maßen über das falsche Einheitsprincip und dessen absurde Consequenz in der göttlichen Prärogative der Unfehlbarkeit aufklärt und von demselben befreit. Und bedenkt man schließlich, daß die Gemeinschaft der Heiligen in der Solidarität des Jenseits und Diesseits zum Begriffe der Kirche gehört, daß aber die große jenseitige Kirche in einem Verhältnisse des Gehorsams gegen den Papst in Rom gar nicht stehen kann und auch hier auf Erden nicht gestanden hat, so erscheint der Bruchtheil der Christen, welcher in dem Papste wirklich das Princip seiner Einheit erkennt, noch unbedeutender. Freilich ist der Papst mit seiner Lehre vom Einheitsprincip in seiner Person und in seinem Stuhle auch bis zu der frivolen Ueberhebung vorgeschritten, daß er durch sogenannte Canonisation Seelen dem Himmel oktroyiren will und durch die Fülle seiner Gewalt sie dem Fegfeuer entreißen zu können behauptet. Allein das ändert den objektiven Sachverhalt durchaus nicht, wenn auch Trionfo, der officielle Darsteller der päpstlichen Rechte im 14. Jahrhunderte, hundertmal zur Freude Johannes XXII. behauptet, der Papst habe als Verwalter der Verdienste Jesu Christi die Macht, durch seine nach bestimmten Vorschriften von den Lebenden zu gewinnenden Ablässe alle Seelen des Fegfeuers auf einmal zu befreien, sofern die Vorschriften nur erfüllt würden.[1]

Ferner wird auch die Beschaffenheit der päpstlichen Kirche durch das falsche Einheitsprincip ins Schlechtere verändert. Ursprünglich offenbarte sich das kirchliche Denken und Leben in überaus großer Mannigfaltigkeit. Man war überzeugt, daß die Einheit in der Vielheit sein könne, ja mit ihr bestehen müsse. Seit jedoch der Papst von Rom sich selbst als das beständige Princip und sichtbare Fundament der Einheit predigt und zu glauben vorstellt, ist die Verschiedenheit beziehungsweise natürliche Eigenart der Völker zum trennenden Hindernisse

---

[1] Summa de potestate ecclesiae. Rom. 1584. S. 193.

unter den Christen geworden. In der apostolischen Zeit und nach göttlicher Gründung war die Kirche ein Corpus caritatis, ein geistiger Organismus, den die Liebe geschaffen und beseelte, ein **organischer Liebesbund**; durch das Princip der päpstlichen Einheit wurde sie ein Corpus juris, ein **Rechtsorganismus**. Indem Rom, sich als den **einzigen** apostolischen Stuhl präsentirend, um den apostolischen Geist aus den Einzelkirchen zu bannen, Alles, was seine Macht erreichte, unter seinen Befehl und unter den Begriff des Gehorsams stellte, wurde die **Uniformität** als Erscheinung der Einheit betrachtet und diese als **Einerleiheit** aufgefaßt; das **Leben nach Vielheit der Form in der Einigkeit des Geistes** wurde verkannt, ja verleumdet als unkirchlich, während gerade dieses vielgestaltige Leben als der Reichthum der Kirche von den Aposteln verherrlicht und in der altkatholischen Christenheit mit Freuden begrüßt und gepflegt worden war. Die echtesten römischen Vasallen oder Vicare auf Bischofsstühlen sehen wir heute noch beflissen, die Reste nationaler Eigenthümlichkeit in Cultus und Leben, ja selbst in der politischen Denkart der Christen zu vertilgen und nach dem päpstlich-italienischen Muster zuzuschneiden; denn **nur das leibhaftige Anschauen des äußerlichen Einerlei ist ihnen erreichbar, die Erhebung zur geistigen Anschauung der wahren Einheit aber unmöglich.**

Eine andere Wirkung jenes falschen Einheitsprincips ist **der religiöse Materialismus oder die totale Veräußerlichung** der römisch-katholischen Kirche. Da nur im religiösen Wahnsinn behauptet werden kann, daß der Papst durch Mittheilung **innerer** gnadenvoller Erleuchtung an den Geist der Gläubigen die **Glaubenseinheit** fördere, so ist die einzig vernünftige Frage hier diese, ob er, die Glaubenssätze in Strafparagraphen verwandelnd, die Einheit durch Befehl erreichen könne. Aber dies muß von der **inneren** Einheit unbedingt verneint werden. Sein Befehl kann die Grenzen des **äußeren Bekenntnisses** nicht überschreiten, — das „Glauben mit dem Herzen zur Gerechtigkeit" (Röm. X, 10) entzieht sich

seiner Macht —; indem er aber das äußere Bekenntniß
durch Befehl und Drohung erzwingt, zerreißt er die wahre,
die innere Glaubenseinheit, wovon wir eben jetzt ein
entsetzenerregendes Beispiel erlebt haben in Folge der vaticani‑
schen Wirren. Einheit durch Unterwerfung ist jetzt die
Losung, Einheit durch das Opfer des Verstandes und
des Willens! Die Hierarchie scheint nicht zu ahnen, welch'
ein Geständniß hierin liegt. Die innere Einheit ist preisgegeben;
man wähnt durch ein Bekenntniß mit dem Munde die
Seligkeit zu gewinnen, welchem die Heuchelei des Herzens
entspricht. Die Idee des Glaubens ist für sie unterge‑
gangen. Aber die Einheit in der vaticanischen Lüge durch er‑
zwungene Unterwerfung, durch das Opfer des inneren geistigen
und wahren religiösen Lebens ist eine Einheit der Todten.
Welch ein Abgrund von Entsittlichung und Irreligiösität sich
aufthut, wenn in Bezug auf Gottes Wort der Mund
bekennt, was das Herz nicht glaubt, das bedarf keiner Schil‑
derung, wir sehen es mit unsern Augen. Aber vor keinem sitt‑
lichen Abgrunde erschrecken die Wortführer des falschen Einheits‑
princips. Es möge hier erinnert sein an das Wort der päpstlich
gesegneten und für alle ultamontanen Blätter zur Zeit maß‑
gebenden „Genfer Correspondenz": „Es ist besser, daß die
Welt schlecht, als daß die Kirche (d. i. der Papst) macht‑
los sei." Die Macht ist ihr Ziel, nicht das Seelenheil.
Die Veräußerlichung richtet noch weitere Verheerungen an. Das
christliche Leben ist Liebe. Die Gemeinschaft in der Liebe
aber kann der Papst durch die einem Menschen zu Gebote stehenden
Mittel der Einigung nicht erzielen. Die Liebe, die echte, die gott‑
verähnlichende, die ewige, das innerste Geheimniß des Herzens, —
diese wahre Liebe ist nur der Liebe Preis: sie läßt sich nicht
befehlen in Form eines Strafparagraphen. Wie soll indessen
der Papst anders die wonnevolle Herrschaft der Liebe zur Gel‑
tung bringen als durch Befehl? Etwa noch durch Phrasen in
Briefen und Allocutionen? Wer dies „Feuer" anzuzünden auf
Erden die Mission übernimmt, der muß, von oben kommend,

mit göttlicher Kraft ausgestattet sein. Dadurch, daß Gott uns zuerst geliebt hat, und also geliebt, daß er seinen eingeborenen Sohn für uns hingegeben, — nur dadurch konnte das Feuer seiner Liebe auch auf Erden entbrennen. So bezeugt es uns der Geist des Evangeliums. Der h. Geist, der Geist Jesu Christi verbindet die Seelen der Kinder Gottes durch das **innere Band** der Liebe, aber der Papst schmiedet durch seine Befehle Ketten, mit welchen er die **äußere Gemeinschaft** der Sklaven umschlingt. Im Ultramontanismus wird **die Liebe**, weil sie frei ist und die Fessel zerbricht, geschmäht und verleumdet, der **Gehorsam sklavischer Gesinnung** aber als die höchste Gottesgabe gepriesen. Die sinnlich-verwilderte Phantasie der Vaticaner entladet sich in der ultramontanen Presse, so oft unsererseits auf das von dem Evangelium verkündigte Gesetz der Liebe hingewiesen wird.

Endlich wird auch der Gottesdienst „**im Geist und in der Wahrheit**" durch das falsche Einheitsprincip zurückgedrängt und an die Stelle tritt der **rein äußerliche Cultus** nach päpstlichen Verordnungen, der nicht seine Kraft in **der inneren Andacht, die sich ihre Formen schafft,** sondern **in der äußeren anbefohlenen Form hat.** Da ist denn der beste Priester derjenige, welcher die tausend liturgischen Gesetze der päpstlichen Congregation der Riten am genauesten kennt und beobachtet, nicht derjenige, welcher vor Andacht glüht und sein und der Gemeinde Herz mit dem Opfer Jesu Christi dem himmlischen Vater rein und unbefleckt darbringt. Das Ende ist, daß der **Gottesdienst in Papstdienst** verwandelt wird; denn das falsche Einheitsprincip, welches Menschen mit magisch wirkenden göttlichen Kräften ausgerüstet uns darstellt, erzeugt nothwendig den verderblichen **Würdencult,** in welchem die Andacht und religiöse Gemüthsstimmung von Gott abgelenkt und unter dem Einflusse der Idee der göttlichen Stellvertretung auf die Priesterschaft und insbesondere auf ihre Spitze in dem Papste hingewandt wird. Unter Papst Pius IX. ist dieser Würdencult bereit gesteigert worden, daß der eifrige Anhänger Rom's, der berühmte Montalembert sterbend mit dem Rufe die Christenheit in Schrecken setzte: „Man errichtet ein Idol im Vatican!" Man muß immer wieder daran erinnern und kann dies nicht oft genug. Es war der Ausruf kein Erzeugniß momentaner fieberhafter Erregung; denn schon am 7. November 1869 hatte der edle Graf an Ign. v. Döllinger geschrieben: der französische Clerus sei in einen „Abgrund von Götzendienerei" gefallen.

§ 6.
Das Idol im Vatican.

Findet der Angstruf Montalembert's in objectiven Thatsachen seine Rechtfertigung? Leider muß diese Frage mit Ja beantwortet werden. Während für Pius IX. von den römisch-katholischen Christen auf Anordnung der geistlichen Behörden nun schon seit einer Reihe von Jahren mehr gebetet worden ist wie für sämmtliche Päpste vor ihm zusammen genommen, ohne daß ein Object dieser zahllosen Tag und Nacht erklungenen Gebete Erhörung gefunden hätte; während also dieser Papst als der hülfsbedürftigste und trotz des unabläßigen Rufes der Millionen für ihn vom Himmel verlassenste Mensch erscheint, ist er dennoch der Gegenstand einer Huldigung und Verehrung, welche sich als eine Art von Götzendienst charakterisirt.

Das erklärt sich objectiv als Consequenz aus dem falschen Einheitsprincip. Das wahre Einheitsprincip kann nämlich im Reiche Gottes nur ein göttliches sein. Man mußte also den Papst, um ihn als Princip der Einheit der Kirche geltend zu machen, mit göttlichen Prärogativen ausstatten. Diese aber konnten nicht gedacht werden ohne eine solche Verbindung mit dem Wesen Gottes, durch welche der „Vicegott" nothwendig in das Gebiet des Cultus gezogen werden mußte.

Freilich konnte „die Andacht zum Papste" nicht in Rom selbst entstehen. Die Theorien von „der göttlichen

Gewalt" mit allen ihren Folgerungen ließen die Römer sich wohl gefallen, dazu noch das Ceremoniell orientalischer Höfe, das Niederfallen insbesondere zu den Füßen, — aber um praktisch zur religiösen Adoration überzugehen, war ihnen denn doch der grelle Contrast zwischen der Idee des lebendigen Gottes und dem wirklichen "Statthalter Gottes" zu sehr in die Augen springend. Il Signore, — "der Herr" blieb ihnen stets mehr der irdische Brodherr als der unmittelbare Spender der Seligkeit ihrer Seelen, zumal da sie den "Statthalter Gottes" nicht selten als öffentlichen Sünder gesehen (Joh. XII. Beneb. IX., Alex. VI. ıc.). Den eigentlichen Götzendienst im Vatican haben uns vielmehr, unter den Auspicien des Jesuitismus, Frankreich und England errichtet. Das vor mehr als einem Decennium auch in Deutschland überallhin durch Uebersetzung von Reiching verbreitete Buch des Convertiten Fred. Will. Faber († 1863) "Von der Andacht zum Papste" wurde in Priester-Seminarien vorgelesen und im Beichtstuhl empfohlen. Der Titel wurde in der Uebersetzung freilich abgeschwächt, aber der Inhalt rechtfertigt unsere Uebersetzung des Titels. Denn in diesem Buche werden wir belehrt, daß Niemand ohne die Andacht zum Papste in's Himmelreich eingehen könne; denn sie sei "ein wesentlicher Bestandtheil der christlichen Frömmigkeit", "ein schlechthin nothwendiges Moment aller christlichen Heiligkeit." Es sei nämlich "der Papst der sichtbare Schatten, welchen das in dem allerheiligsten Sakramente verborgene unsichtbare Haupt der Kirche werfe." Das Geheimniß des Papstes und das des Sakramentes seien "ineinander verflochten." Etwas anders ist die Auffassung des römischen ehemaligen Bischofs Martin von Paderborn, der bekennt, daß die Eucharistie ihm "das allerheiligste Herz" und der Papst "das allerheiligste Haupt" Jesu auf Erden sei. In der Apotheosirung des Papstes stimmen beide überein. Doch drückt Faber sich noch verständlicher für das größere Publikum aus: "Der Papst ist ihm die dritte sichtbare Gegenwart Jesu Christi unter uns." Nämlich die erste geschieht in der Incarnation und Geburt aus Maria der Jungfrau, die zweite in der Eucharistie und die dritte im Papste!

Cynischer treten mit diesem Götzendienste im Papstculte hervor die Franzosen, geführt von dem profansten Lästerer der vernünftigen und sittlichen Menschheit und ihrer erhabenen Bestimmung, von Louis Veuillot, welchen Pius IX. mit dem größten Vertrauen wie mit dem überschwenglichsten Lobe und Segen beehrt. Im Jahre 1869 ließ er vor seinem Idol in dem berüchtigten Journal L'Univers, dessen Chefredakteur er ist, solche Weihrauchwolken emporsteigen, daß selbst der Hofbischof Dupanloup von Orléans davon unangenehm afficirt wurde, aufmerkte und die unabhängige Stimme des Gewissens einen Moment vernahm, ja eine Anwandlung von Muth, für die Ehre Gottes einzutreten, verspürte. Er schrieb seine „Warnung für L. Veuillot" vom 21. November 1869.[1]) Daraus entnehmen wir Folgendes, wofür Dupanloup die genauesten Citate aus dem Univers beibringt.

Die Kirche (d. i. der Papst) stammt von Gott, sie ist durch Gott, sie wird Gott sein (Elle sera Dieu), denn Gott hat sie gegründet, um das Menschenherz mit göttlichem Wesen zu erfüllen, auf daß dasselbe werde ein Zuwachs, — eine Vermehrung Gottes."[2]) „Die Kirche ist geschaffen nach dem Bilde der heiligen Dreieinigkeit. Wie der Vater den Sohn zeugt und wie von dem Vater und von dem Sohne der h. Geist ausgeht: so zeugt der Papst die Bischöfe und von dem Papste und von den Bischöfen geht aus jener h. Geist, welcher sich offenbart in dem unfehlbaren Gesetze, welches die Heerde

---

[1]) Avertissement à M. Louis Veuillot etc. Paris, Charles Douniol. 1869.

[2]) Dupanloup weist entrüstet darauf hin, wie ein paulinischer Ausdruck, der von der Gnade, von dem Zunehmen der Kirche an göttlicher Gnade gilt, so gröblich und schauerlich mißverstanden wird.

unterweiſet und leitet."¹) Alſo die Gott geworbene Kirche iſt auch eine Trinität, in welcher der Papſt **Gott Vater** iſt. Doch der Götzendienſt kennt keine Conſequenz. „Der Papſt iſt — nicht etwa bloß ein Sohn Gottes, ſondern — der **Sohn Gottes**" (Le Fils de Dieu.) „Einen ſolchen Hohenprieſter mußten wir haben: heilig, ſchuldlos, unbefleckt, von der Sünden Zahl ge‑ ſondert, höher als die Himmel"; der Apoſtel meinte Chriſtus, aber Louis Veuillot ſagt uns, daß dies **der Papſt ſei**. In Frankreich war es, wo „fromme" Ordensleute und Prieſter ver‑ ſicherten, es gebe einen Menſchen auf Erden, welcher ſagen könne: „**Ich bin der heilige Geiſt**", und dieſer Menſch ſei der **Papſt**. Ein Ordensmann bekannte ſich dazu, dem A. Gratry gegenüber, dem ein anderer ſehr geachteter Schriftſteller einen langen Brief ſchrieb, um allen Ernſtes die Theſe zu vertheidigen: „**Der Papſt iſt die Euchariſtie**". „**Ein lebendiges Sacrament**" nannte ihn Msgr. de Ségur im Aug. 1876 zu Bordeaux. —

Wir regiſtriren hier nur **einen Theil** dieſer franzöſiſchen Blasphemien und fügen blos hinzu, daß es in Frankreich ein be‑ liebtes Thema iſt, zwiſchen der „**Paſſion Jeſu Chriſti**" und der „**Paſſion Pius IX.**" erbauliche Vergleiche zu ziehen.

Es iſt natürlich, daß unter dieſen Umſtänden der Papſt als Gegenſtand **der Gebete im Cultus** Platz finden muß, wie er ja auch in zahlreichen Bildern in Frankreich, Holland und Belgien überirdiſche Lichtfülle und Kraft ausſtrömt.

Im April 1870 ließ L. Veuillot ſich von Rom ſchreiben: „In Rom haben wir drei Objecte der **Devotion**: das aller‑ heiligſte Altarsſakrament, die heilige Gottesmutter und den Papſt."

Man iſt nicht verlegen: man vertauſcht in dem majeſtäti‑ ſchen Hymnus der Non (im Breviergebet) das Wort **Deus** mit **Pius** und ſingt: Rerum, Pius, tenax vigor, Immotus in te permanens, d. h. Pius, **welterhaltende Kraft**, un‑

---

¹) Dupanloup erinnert an das frivole Wort der Civiltà cattolica: „Wenn der Papſt denkt, ſo iſt es Gott, der in ihm denkt."

beweglich in Dir selbst verharrend" u. s. w. In der Predigt bei der Einweihung der Kirche zu Lourdes Anfangs Juli 1876 wandte Mermillod aus dem Gloria die Worte: Tu solus, Altissimus, tu solus Dominus auf Pius IX. an. Der Papst selbst ließ in einem an ihn gerichteten Briefe sich anreden mit dem Hymnus auf den h. Geist: „**Vater der Armen, Gnadenverleiher, Licht der Herzen, sende vom Himmel Deines Lichtes Strahl herab!**" Der Abbé d'Ezerville hat in seinem Buche „Crux de Cruce" die bekannten 14 Stationen des Leidensweges auf Pius IX. angewandt. Dupanloup mußte sich vor Louis Veuillot verbemüthigen. Der Papst hat die Gegner des Bischofs von Orleans belobt. Der Oratorianer Gratry widmete dann in seinem dritten Briefe an den Erzbischof von Mecheln diesem Wahnwitz ein Kapitel (VI.) und, indem er es schließt, findet er Dupanloup's Aeußerung, daß man es hier mit einem „**unsinnigen Romanismus**" zu thun habe, zu gelinde, nennt das Beginnen selbst „**albern und schulbvoll**" und sagt, es sei „**die Verleugnung des Christenthums selbst**", „**die Verachtung des Evangeliums und unseres Herrn Jesu Christi.**" Die Civiltà cattolica hat diesen Brief Gratry's auf 11 Seiten kritisirt, aber das ganze Kapitel über das Idol im Vatican mit gänzlichem Schweigen übergangen (2. April 1870 S. 45—56.).*) — In Deutschland wendet man jetzt beharrlich die Worte: „**Ich bin die Thüre**" (Joh. X. 7 ff.) auf den Papst an, um den Altkatholiken den kindischen Vorwurf zu machen, sie seien „Diebe." Auch dies ist eine Vergötterung des Papstes. — In Italien aber fällt auch ein Strahl der Göttlichkeit des Papstes auf das römische Volk, dessen „**Würde**" in gewisser Beziehung als eine übernatürliche der Civ. catt. (J. 1862, III. S. 11) erscheint.

---

*) Der Verfasser dieser Schrift hat in seinem Buche über päpstliche Unfehlbarkeit (München, R. Oldenburg 1870) ebenfalls ausführlich darüber berichtet (§ 10); aber der Ultramontanismus ist für diese Dinge sehr schwerhörig oder gar gänzlich taub.

Wie das falsche Einheitsprincip der Kirche zu dieser Apotheose des Papstes hindrängen mußte, begreift sich. Die Consequenz wird am Ende gezogen, sei es durch den Freund oder durch den Feind. Aber wie konnte sich für einen so groben Gößendienst in unserer Zeit ein Anhang finden?

Man könnte fragen, wie es doch möglich sei, daß die Rolle eines „Vicegottes", um uns des jesuitischen Ausdruckes mit größerem Verständnisse jetzt zu bedienen —, eines Statthalters Christi, der Gottes Wesen und Gewalt wie dessen eigene Gegenwart repräsentire und demgemäß behaupte, er habe — nicht etwa Christi Kreuz zu tragen, sondern — für den Herrn die göttlichen Huldigungen entgegenzunehmen, und der dabei verheiße, daß aus der Vereinigung der von ihm ihre Kraft empfangenden Bischöfe mit ihm alle Charismen und Gaben des göttlichen Geistes in den mystischen Leib Christi einströmen —, unter Millionen in der heutigen Cultur lebenden Menschen noch Beifall finde. Das scheint ein psychologisches Räthsel: allein es ist zu lösen. Zunächst ist zu antworten, daß die Millionen Katholiken, die eigentlichen Massen der römischen Kirche über die Sache gar nicht nachdenken, sie auch nicht recht wissen und wo sie davon Kunde erhalten, sich indolent weigern, darauf einzugehen, oder von unaufrichtigen Geistlichen sich dieselbe abschwächen und ableugnen lassen. Sie stehen unter dem Einflusse eines allgemeinen Begriffs von der Nothwendigkeit einer höchsten Auctorität, der man sich unterwerfen müsse, damit Zucht und (wenn auch gedankenlose und liebeleere) Ordnung sei, und so sagen sie Ja zu den Bullen und Allocutionen des Papstes Pius' IX. ohne zu wissen, was sie enthalten. Wo aber eine oberflächliche Kenntniß des oft absurden Inhalts erfolgt und den gesunden Sinn des Volkes zu verletzen droht, da sind die 9500 Prätorianer des Papstes, die in alle Welt zerstreuten Jesuiten mit dem ihnen dienstbar gewordenen Episcopate und Clerus rastlos thätig, um die Sache denn doch einigermaßen plausibel zu machen durch Unterschiebung, durch Milderung und Verdrehung, ja wo es nöthig scheint auch durch

Verkehrung in's Gegentheil mittelst Sophismen aller Art, denen der nichtgeschulte Mann nur selten widerstehen kann, zumal wenn es jenen gelingt, diejenigen, welche dem Volke die Wahrheit sagen, wirksam zu verdächtigen, zu verläumden und zu entehren, wozu ihnen weder der finstere Geist des Hasses noch Schamlosigkeit der handgreiflichen Lüge fehlt.

Nun kommt aber dem götzendienerischen Papstculte in der Menge doch auch ein natürlicher Zug entgegen, der, wenn er nicht vergeistigt wird, stets zu Aberglauben und Götzendienst führt. Es ist die natürliche Neigung, das Ideale der Religion in sinnfällige, dem leiblichen Auge zugängliche und mit Händen greifbare Formen zu kleiden, das Göttliche in körperlicher Gestalt anzuschauen. Mancher Leser wird sich wundern, wenn er liest, daß es heute noch gegen 200 Millionen grobe Fetischdiener auf der Erde giebt, welche neben Thieren und Pflanzen auch Klötzen und Holzpuppen göttliche Verehrung erweisen. Und doch ist dies eine unleugbare Thatsache. Es giebt aber außer diesen noch zahllose feinere Fetischdiener selbst unter den Culturvölkern. So nehmen wir keinen Anstand, die Erscheinung der Spiritisten, die gegenwärtig vor Allem in Nordamerika nach Millionen zählen, aber auch in England und Deutschland Boden gefunden haben, ebenfalls als eine Art Fetischismus zu bezeichnen; denn das Wesen dieser Erscheinung besteht eben darin, daß man mit der Geisterwelt in sinnlich-faßbarer Berührung sein will und zu sein wähnt. Das Geisterklopfen und Tischrücken gehört schon zur groben Form des Fetischismus. Man sucht dabei religiöse Schauer, die zu Wallungen der sinnlichen Natur im Dienste der Phantasie werden, wobei das geistige Leben mit seiner sittlichen Kraft gebunden ist.

Nun, es ist dieselbe rohnatürliche Hinneigung des Menschen zum Fetischismus, aus welcher wir uns auch innerhalb der römisch-katholischen Kirche das Streben, ja das ungeregelte, ungestüme Begehren, alles Geheimnißvolle der Religion in die sinnliche Anschauung so hineinzuzwingen, daß die religiöse Thätigkeit völlig darin aufgeht, wodurch es dann freilich auch seinen wahren Charakter und seine Bedeutung verliert, zu erklären haben. Ueberaus weise ist die Warnung des alten Testaments vor dem Begehren, Gottes Majestät mit leiblichem Auge zu schauen; — der Mensch, heißt es, werde davon erdrückt und müsse sterben. Tiefsinnige Sagen und Warnungen haben selbst die heidnischen Völker in derselben Richtung. Es ist dem Menschen nicht gegeben, auf Erden den Schleier des Jenseits zu lüften; es bleibt ihm nur beschieden die Erkenntniß wie durch einen Spiegel, räthselweise, wie die Schöpfung die ewige Macht und Gottheit des Schöpfers eben wiederspiegelt, — nicht anders. Selbst die übernatürliche Offenbarung muß diese Form wählen. Zwar wird dem Sterblichen auch nie gelingen, Gottes-Wesen wirklich für das sinnliche Auge zu entschleiern, aber das unerlaubte Begehren, der vermessene Versuch wird doch gestraft; denn vor der profanen Zudringlichkeit zieht die in der Ahnung oder im religiösen Glauben dem Menschengeiste bereits genahte göttliche Majestät sich wieder in unnahbare Ferne zurück, und was der Mensch in seiner sinnlichen Vermessenheit ergriffen hat, ist ein Götze, — sein Gottesdienst wird Götzendienst. Diese psychologische Wahrheit hat der bedeutendste Gnostiker, Valentin, benutzt, — freilich in phantastischer Weise, — um den Uebergang von seinem Bythos (Tiefe, Urgrund) und dessen Emanationen zur Weltbildung zu gewinnen. Das gleichsam tragische Geschick des letzten der Aeonen, der Sophia, wodurch die Weltbildung — als ein Unglück aufgefaßt — herbeigeführt wird, hat seine Ursache in dem maßlosen Begehren, dem verborgenen Urwesen greifbar nahe zu sein, d. h. die versagte Anschauung der verhüllten Gottheit zu genießen.

In dieselbe Art der Erscheinungen gehört auch das Localisiren der Gottheit. Die heidnischen Orakel, welche das Wirken eines Gottes localisirten und seine Stimme willkürlich vernehmbar machen sollten, blieben auch nicht ungestraft: indem sie die Menschen durch vieldeutige Antworten betrogen, verfielen sie endlich nach zahllosen Täuschungen der Verachtung.

Auch der localisirte Mariencult in der römischen Kirche zieht seine Nahrung aus der menschlichen Neigung zum Fetischismus, aus dem Begehren nach sinnlicher Anschauung des Göttlichen. Die Krönungen der Statuen unter pomphaften religiösen Ceremonien gehören ebenfalls hieher. Diesen Cult hat die römische Hierarchie aber sanctionirt und nach Kräften gefördert. Sie hat der Mutter Gottes besondere Titel von den angeblichen örtlichen Erscheinungen oder Gnaden- und Wundererweisungen verliehen und diese in den officiellen Cultus verflochten, — eine vollständig heidnische Praxis, wofür wir den Gebildeten die Belege beizubringen nicht erst nöthig haben. Die reichsten Beispiele liefert die griechische Mythologie. In Frankreich ist die abergläubische Wundersucht in Bezug auf die Madonna epidemisch geworden. — „Notre-Dame" hat dort so viele Oertlichkeits-Titel, sie muß dort an so vielen Orten zugleich sich gnadenvoll erweisen und je nach dem Orte individualisirt als ein anderes Wesen erscheinen, daß unter den „Theologen" Frankreichs bereits eine Art Ubiquitätsfrage entstanden ist, die jedoch von den Angesehensten unter ihnen dahin gelöst wird, daß Maria nicht immer selbst zu erscheinen brauche, sondern auch Engel beauftragen könne, ihre (der Madonna) Gestalt anzunehmen, was dann doch kein Betrug sei, sondern eine wirkliche Marien-Erscheinung, weil sie eben den frommen Gläubigen ihre Gestalt durch den Engel zeigen wolle. Der Mannigfaltigkeit wegen kann sie auch durch bloße Zeichen ihre Gegenwart kund thun.

Das Alles umgiebt Pius IX. mit seiner Auctorität, und wie nah es ihn berührt, zeigt er auch dadurch, daß er in die Grotte von Lourdes sein Portait schickt, und dafür Grotte und Madonna sich in seinem vaticanischen Garten nachbilden läßt. —

Auch das im Vatikan am 18. Juli 1870 errichtete „infallible Orakel",[1]) bei welchem man zu jeder Stunde, ja nach

---

[1]) Dieser Ausdruck wird schon mit Bezug auf die sog. Dogmatisirung der immaculata conceptio im entsprechenden Breviergebete angewendet.

bedarf telegraphisch, die Wahrheit im sicheren Spruch erholen kann, ist eine Lokalisirung der Gottheit, — ein Fetisch. Es wird dadurch ein Mensch zum Gegenstand eines Dogma's, — nicht die menschliche Natur, sondern das Individuum. Der Glaube der Christen bezieht sich auf das Unsichtbare, auf die nicht dem sinnlichen Auge erscheinenden Dinge (Hebr. IX, 1); sobald demnach menschliche Individuen sich selbst zum Gegenstande von Dogmen und Cultushandlungen machen, ist der Fetischismus da, und die Wahrheit entflieht. Das infallible Orakel im Vatican ist die Vernichtung der christlich-religiösen Wahrheit.

Und so ist auch das als sichtbar und greifbar herausgestellte Einheitsprincip der Kirche in der Person des Papstes offenbar die Zerstörung der wahren Einheit, die Auflösung der inneren Kirchengemeinschaft. Denn jene Einheit der Kirche, welche Christus will und um die er den Vater bittet, welche auch die Apostel predigen und die Väter preisen, gehört ihrem Principe nach zu dem inneren Geheimnisse der Religion, das wohl in dem Leben der Christen zur Erscheinung kommen kann, sich aber nicht in einem Menschen verkörpern und durch dessen Einwirkung von Außen in den mystischen Leib Christi hineintragen läßt. Kurz, das Princip dieser Einheit ist etwas Göttliches, und wer an die Stelle Menschliches setzt, verführt das Volk zum Fetischismus.

Zweites Kapitel.
Die wahre Idee der Einheit der Kirche.

§ 1.
Rückblick auf das erste Kapitel.

Es ist nun nachgewiesen, daß die Lehre der päpstlichen Constitution Pastor aeternus vom 18. Juli 1870, Christus habe in Petrus und den als seinen Nachfolgern den Vaticanern geltenden Päpsten zu Rom „das beständige Princip und das sichtbare Fundament" der Kircheneinheit, und zwar der doppelten, des Glaubens und der (Liebes-) Gemeinschaft, eingesetzt, von allen Seiten und in jeder Hinsicht unhaltbar ist. Die Auffassung Pius' IX., welcher wir übereinstimmend mit einer gleichzeitig von der Civiltà cattolica vorgetragenen Lehre in seiner Allocution vom 26. Juni 1867 begegneten, die Vereinigung der Bischöfe mit dem Papste sei „die Ader, aus welcher die Charismen und Gaben des göttlichen Geistes in den mystischen Leib Christi einströmten", erschien durchaus verwerflich.

Es zeigte sich unwidersprechlich, daß der Papst als Einheitsprincip nicht jene doppelte Einheit des Glaubens und der Gemeinschaft in der Liebe sondern nur eine juridische Einheit erzielen und bewirken könne, nämlich durch Befehl, Strafe und diplomatische Kunst, daß er aber auch diese nicht erreicht, vielmehr durch den Versuch, sich die ganze Christenheit in Gehorsam gegen seine absolute Gesetzgebung zu unterwerfen, nur Spaltung und Trennung unter den Gläubigen bis zu dem Grabe verursacht habe, daß beinahe die Hälfte aller Christen die Kirchengemeinschaft mit ihm aufgehoben, d. h. nach altkirchlichem Sprachgebrauche ihn excommunicirt habe. Ferner wurde darauf hingewiesen, daß unter der Voraussetzung des Einheitsprincips in dem

Papste während der ersten christlichen Jahrhunderte sowie bei den langen Sedisvacanzen und päpstlichen Schismen die Einheit und die Kirche selbst überhaupt verloren gegangen wäre. Als weitere schlechte Frucht des falschen von der Bulle Pastor aeternus gelehrten Einheitsprincips ergab sich die Uniformität und totale Veräußerlichung und Materialisirung der römisch-katholischen Kirche, und endlich die Ablenkung der Andacht der Gläubigen von Gott auf die ihn angeblich vertretenden Personen oder der Würdencult, welcher sich ohne Widerspruch von Seiten Pius' IX. und der herrschenden hierarchischen Partei in einer großen Schaar von religiösen Schwärmern und Adulatoren bis zur Adoration des Papstes unter wahrhaft blasphemischer Theorie und Praxis gesteigert hat.

An ihren Früchten sollt ihr sie erkennen!

Eine Lehre, die zu solchem Resultate führt, hat den menschlichen Aberwitz zur Quelle, nicht aber des sich offenbarenden Gottes Wahrhaftigkeit. —

§ 2.
Wer ist der Bräutigam der Kirche?

Christus vergleicht sein Kommen zur Gründung der Kirche mit dem Kommen des Bräutigams, der Hochzeit halten wolle. (Marc. II, 19—20).[1] Als Johannes der Täufer gefragt wurde, wer er sei, antwortete er: „Ich bin nicht Christus." „Der ist der Bräutigam, welcher die Braut hat. Der Freund des Bräutigams stehet und horchet auf ihn, und groß ist seine Freude, weil er die Stimme des Bräutigams hört." (Ev. Joh. III, 28—29). Zu seinen Aposteln sagt der Herr selbst: „Ich habe euch Freunde genannt, denn ich habe euch Alles, was ich vom Vater gehört habe, geoffenbart." (Joh. XV, 15.).

Damit ist nun das Verhältniß Christi und der Apostel zur Kirche genau bestimmt. Der Herr hat die Braut; Er

---

[1] Vgl. die Parabel von den zehn Jungfrauen.

also ist der Bräutigam. Keiner der Apostel kann der Bräutigam sein, sie alle sind — und das ist Ehre genug! — Freunde des Bräutigams. Mehr kann schlechthin keiner sein. Niemand aber, auch kein Freund, kann der Braut das sein, was ihr der Bräutigam ist. Er allein erweckt, hegt und nährt das Leben der Liebe in ihr; nur aus der Verbindung und Einheit mit Ihm strömen ihr die Charismen und Gaben des göttlichen Geistes zu. Was Christus seiner Braut, d. i. der Kirche sei, das hat der Apostel Paulus den Ephesern und in ihnen auch uns deutlich genug kund gethan. Er, der wahre himmlische Bräutigam, hat sie nämlich zuerst geliebt und hat sie geliebt bis an's Ende, — bis zur Selbstaufopferung für sie, und dadurch hat Er sie Sich — dem Bräutigam — geheiligt und herrlich dargestellt ohne Makel, und nun nährt und hegt Er sie immerdar als ihr Haupt. (Eph. V, 23 ff.).

In alledem nun kann der Freund niemals die Stelle des Bräutigams vertreten; es ist daher eine arge und folgenschwere Verirrung, wenn Pius IX. behauptet, daß der Braut aus der Vereinigung und Einheit mit ihm, dem Papste, der doch höchstens der Freund des Bräutigams sein könnte, die Charismen und Gaben des göttlichen Geistes zuflössen. Die Kirche ist eben die Braut des Herrn und nicht des Papstes. Und die Kirche ist nicht jenes durch menschliches Streben nach Herrschaft geschaffene äußerliche Rechtsinstitut der römischen Curie, das man heute so zu nennen pflegt, nicht der Papst oder der Papst und der Episcopat, sondern sie ist das Volk Gottes, die in der Taufe durch den h. Geist dem Herrn besiegelte Schaar der Gläubigen, die sich von Ihm erleuchten und heiligen lassen. Insofern der Clerus zur Kirche als der Braut Christi gehört, ist er nicht mehr und nichts anderes als der Laie, und insoweit er etwas anderes ist, kann er nur der Freund des Bräutigams und darum der Diener, nicht aber der sie zum Fußkuß zwingende Beherrscher der Braut sein. Doch was ist geschehen?

Eine früher dem h. Bernhard von Clairvaux zugeschriebene mittelalterliche Parabel über das Gleichniß vom Bräutigam schildert drei schwere Perioden, welche die Braut durchlebt habe. Die erste war die des äußeren Angriffs, der Christenverfolgungen, in welcher die Freunde treu waren und den Heldentod für sie starben. Während der zweiten, in welcher die Braut mit verwirrenden Meinungen über ihren Bräutigam und sein Reich, d. i. mit Irrlehren geängstigt wurde, fanden sich immer noch so viele aufrichtige Freunde, daß Wahrheit und Klarheit siegten. Die dritte aber war dadurch die leidenvollste, daß die Freunde ihres Amtes vergaßen und selbstsüchtig auf den Titel der Stellvertretung des Bräutigams hin die Braut mißhandelten, die sie schützen sollten. Was dem Königssohne und seiner Braut dargebracht wurde an Hochzeitsgeschenken, das verwandten sie zu eigenem Gebrauch. Von den Titeln und Aemtern der Religion machten sie sich selbst Rechtstitel und Ansprüche, um ihre Habsucht, ihren Ehrgeiz und ihre Sinnlichkeit zu befriedigen; sie raubten der Braut Schätze und Schmuck und zerrissen ihr zuletzt das ungenähte Gewand der Liebe und das purpurne in das für sie vergossene Blut des Bräutigams getauchte Glaubens-Pallium. Und um das Maß ihrer Verbrechen voll zu machen, simulirten sie zuweilen Mitleid mit der Braut, sie redeten von Schmerz und Thränen über ihre Blöße und boten ihr ein Gewand von Scheintugend dar, aus den einheitlosen Akten des blinden Gehorsams zusammengeflickt, und statt des herrlichen Glaubens-Palliums den Sklavenmantel der Unterwerfung und Heuchelei. Zum Schlusse klagt der Verfasser der Parabel, ein viertes Wehe, die schrecklichste Leidensperiode stehe der Braut noch bevor. Denn es werde noch geschehen, daß der Freund des Bräutigams sich auf den Thron desselben setze und von der Braut die Huldigungen fordere, welche dem Bräutigam allein zukommen; er werde sich darzustellen suchen, als wäre er Gott. „Aber, o Braut Christi", — so schließt der Verfasser —, „glaube

es nicht, gehe nicht hin zu ihm, sondern harre du auf deinen
Bräutigam, der deiner in der Trübsal nicht vergessen wird!"
So die Parabel. Wir sind durch den Baticanismus in diese
vierte Periode eingetreten. —

Der Freund des Bräutigams kann und darf sich nie
das Haupt der Braut nennen und darauf hin sie beherrschen
wollen. Christus hat das den Aposteln auch ausdrücklich und
nachdrücklich verboten. Keiner, sagt Er, solle sich „Meister"
nennen, also auch keiner „das Haupt". Einer nur, Er nämlich, der Herr selbst, sei der Meister. Solches hat er gesagt,
da die Apostel um die künftige Rangordnung im Reiche Gottes
stritten. Die Apostel haben es denn auch so gehalten; keinem
ist es in den Sinn gekommen, „der Meister", das Haupt der
Hirten und Lehrer, das Einheitsprincip der Kirche sein
zu wollen; keiner hat die Vermessenheit gehabt, sich selbst zum
Gegenstande eines Dogma's zu machen, um die dieses Dogma
nicht anerkennende Braut vom Bräutigam zu trennen. Als aber
die Bischöfe anfingen, sich als Hierarchen, als herrschende Priester-
fürsten zu betrachten und zu predigen, — als die Hierarchie
in Folge dessen den Kirchenbegriff verkehrte und das Volk zu
der irrthümlichen Annahme verführte, die Kirche sei nichts als
der Inbegriff von Amts- beziehungsweise Despoten-
gewalt, da setzte eben diese Hierarchie sich unvermerkt an die
Stelle des Bräutigams und forderte von der Braut, d. i. von
den Gläubigen, die dem Bräutigam einzig und allein gebührenden
Huldigungen. Und man hat sich durch die Praxis, überwältigt
von dem faktischen Machtbesitz, so sehr daran gewöhnt, daß die
Verwechselung ganz harmlos in den Sprachgebrauch des Clerus
übergegangen ist. Als im Jahre 1871 der Cardinal Morichini
seine Ernennung zum Erzbischof von Bologna dem Syndicus
dieser Stadt anzeigte, schrieb er, Bologna sei nun seine
Braut. Ja selbst der Pfarrer pflegt die Pfarrgemeinde, deren
Diener er ist, seine Braut zu nennen. Der Papst aber betrachtet, nachdem er in einem Theile der abendländischen Kirche
mit Hülfe der weltlichen Fürsten die Hierarchie sich unterjocht

hat, die ganze Kirche als seine Braut. Da wäre er denn wahrhaftig an die Stelle des Bräutigams getreten! Und in der That, wenn man statt Christus, der allein Alles vereint, was im Himmel und auf Erden ist, den Papst als das Haupt und Einheitsprincip der Kirche proclamirt, so verwechselt man ihr den Bräutigam. Und wer in einem solchen Falle, um ein Schisma zu vermeiden, mit dem Papste es hält, der hat mit Christo gebrochen und die wahre Einheit der Kirche verlassen, deren Princip Christus ist, der einzige Bräutigam, durch den Geist, den Er gesandt hat. —

§ 3.
Die biblische Lehre von der Einheit der Kirche.

Die Kirche ist Braut nur durch den Bräutigam; dieser hat aber auch nur Eine Braut; sie ist Eins durch Ihn und für Ihn. Er selbst hat daher auch nachdrücklich erklärt, daß sie Eine sei und zwar durch Ihn. Er allein und kein Anderer ist das Princip der Einheit der Kirche.

Die biblische Lehre von dem Wesen der Einheit der Kirche wie von ihrem Princip ist so einfach und klar wie nur immer wünschenswerth. Um das rechte Verständniß sofort zu gewinnen, ist es aber nothwendig, stets im Bewußtsein festzuhalten, daß die Kirche (ἐκκλησία, Ecclesia) in der hl. Schrift niemals etwas anderes bedeutet als die Gesammtheit der Gläubigen, das Volk Gottes. Die heutige Praxis, unter „Kirche" sich die mit dem Staate um die Macht streitende Geistlichkeit, oder die Bischöfe oder gar bloß den Papst zu denken, ist grundfalsch und dem Sprachgebrauche der hl. Schrift schnurstracks zuwider.

Im 17. Kapitel des Evangeliums, welches nach Johannes genannt wird, befindet sich das berühmte hohepriesterliche Gebet, welches Jesus am Abende vor seinem Leiden sprach. Dieses Gebet ist der Brennpunkt der Lehre von der Einheit der Kirche; von ihm gehen alle Strahlen aus, welche hierüber Licht verbreiten. Es ist die klassische Stelle, von welcher jede Untersuchung über Wesen und Princip der Einheit der Kirche ausgehen muß, indem der Herr selbst, der das Licht der Welt und die Wahrheit genannt wird und ist, dieses Wesen und Princip beim Namen nennt und in dem Lichte Gottes uns vor Augen stellt. Auch das päpstliche Decret vom 18. Juli 1870, welches die falsche, juridische Einheit proclamirt, beginnt damit. Aber freilich, wie es der römischen Curie seit Jahrhunderten eigen ist, die hl. Schrift nur verstümmelt und nach ihrem Sinne verkehrt, selbst gegen das Verbot des Concils von Trient, anzuführen und anzuwenden, so erwähnt sie auch in der Juli-Constitution nur wenige Worte des hohenpriesterlichen Gebetes und bringt sie diese nur in verstümmelter Weise vor und ohne jedes Verständniß, nicht um einen Grundgedanken daraus zu gewinnen und diesen dann zu entwickeln. Es heißt nämlich dort, „der ewige Hirte und Bischof unserer Seelen habe, um das heilbringende Werk der Erlösung zu einem dauernden zu machen, die heilige Kirche zu erbauen beschlossen, in welcher wie in dem Hause des lebendigen Gottes alle Gläubigen durch das Band des Einen Glaubens und der Liebe zusammengehalten würden. Deßhalb habe er vor seiner Verherrlichung den Vater gebeten, nicht blos für die Apostel, sondern auch für diejenigen, welche durch ihr Wort an Ihn glauben würden, daß sie alle Eins sein möchten wie Er selbst der Sohn und der Vater Eins seien!! Wir haben hierin V. 20 und 21 des hohenpriesterlichen Gebetes vor uns. Aber V. 21 ist verstümmelt und um den wichtigsten Theil verkürzt, der gerade das Einheitsprincip — freilich nicht den Papst — enthält. Statt den Vers auszuschreiben und daraus die Lehre von der Einheit zu entwickeln, springt das Decret von den obigen gar nicht weiter verwertheten Sätzen ab auf den Apostolat und den einheitlichen Episcopat und dann auf Petrus, in welchem das Princip und sichtbare Fundament der Einheit sei, um durch einen noch kühneren Sprung zum Papste von Rom zu gelangen. Sämmtliche Stellen der hl. Schrift, welche von der Einheit der Kirche handeln, ausdrücklich sie verheißen, begründen oder in ihren Wirkungen preisen, sind auch in der That für die römische Curie schlechthin unbrauchbar. Auch dort, wo Jesus die Einheit der Kirche unter dem Bilde der „Einen Heerde" darstellt und weissagt (Joh. X, 16), ist Er selbst „der Eine Hirt", nicht aber Petrus, der überhaupt in keiner Stelle der hl. Schrift, wo die Einheit der Kirche erwähnt wird, zu dieser in irgendwelcher Beziehung steht. Die päpstliche Einheit wird stets durch allerlei Sophismen aus Stellen der hl. Schrift bewiesen, **die gar nicht von der Einheit der Kirche handeln.** Die Beziehung auf das hohepriesterliche Gebet geschieht daher nur zum Scheine und zur Täuschung; denn sie widerspricht ganz direkt der römischen Einheitslehre. —

Es ist nothwendig, jene erhabene Bitte und Verheißung des Herrn im Zusammenhange vor Augen zu haben und zu erwägen.

Der Heiland also — unmittelbar vor seinem Leiden, nach Vollendung jener bald erschütternden, bald entzückenden Abschiedsreden an die Seinen, die er mit einer Friedensverheißung und mit dem mächtigen Trostworte geschlossen: „Habet Muth, vertrauet, Ich habe die Welt überwunden" — hebt die Augen gen Himmel, wunderbar groß erscheinend, von dem Glanze einer Hoheit umflossen, welcher schon die Ahnung der Offenbarung der tiefsten Geheimnisse weckt, und spricht in dieser feierlichen Haltung: **„Vater, gekommen ist die Stunde: verherrliche Deinen Sohn, auf daß Dein Sohn Dich verherrliche!"** Dann ergießt sich wie ein Lichtstrom ein Hymnus aus seinem Munde, in welchem das Geheimniß der Herrlichkeit des Vaters und des Sohnes vor dem Weltanfang sich offenbart, die Verherrlichung beider in ihrer Gegenseitigkeit und Unzertrennlichkeit erscheint, das ewige Leben in seinem Wesen hervorglänzt und die Großthaten der Erlösung gepriesen werden, wodurch die Wahrheit und alle göttlichen Güter der Menschheit Antheil werden. Ein Frohlocken auch vernehmen wir, daß der Vater Ihm Macht gegeben über alles Fleisch, damit Er Allen das ewige Leben gebe. Und nun wendet Er sich zu jenen übermächtigen Bitten, zu den rührendsten und zugleich erhabensten Fürbitten, die je ein Menschensohn an den ewigen Vater richtete.

Zuerst betet Er für die Jünger, die Ihn eben umgeben; darnach erhebt Er sich als der Prophet, der diesen Namen trägt ohne Gleichen und schaut im Geiste die Milliarden Menschen, welche durch alle kommenden Zeiten hin an Ihn glauben werden und das Gebet seiner Liebe umfaßt sie a l l e :

„V a t e r", so betet Er, „h e i l i g e s i e i n D e i n e r W a h r h e i t ! D e i n W o r t i s t d i e W a h r h e i t . . . . N i c h t f ü r s i e a l l e i n a b e r b i t t e I c h , s o n d e r n a u c h f ü r d i e j e n i g e n , w e l c h e d u r c h i h r W o r t a n M i c h g l a u b e n w e r d e n , — I c h b i t t e , d a ß s i e a l l e E i n s s e i e n , w i e D u , V a t e r , i n M i r u n d I c h i n D i r , — d a ß s o a u c h s i e i n U n s E i n s s e i e n , d a m i t d i e W e l t g l a u b e , d a ß D u M i c h g e s a n d t h a s t . I c h h a b e d i e H e r r l i c h k e i t , w e l c h e D u M i r g e g e b e n , i h n e n g e g e b e n , a u f d a ß s i e E i n s s e i e n , w i e a u c h W i r E i n s s i n d . I c h i n i h n e n u n d D u i n M i r , a u f d a ß s i e v o l l k o m m e n s e i e n i n d e m E i n s s e i n u n d d i e W e l t e r k e n n e , d a ß D u M i c h g e s a n d t u n d s i e g e l i e b t , w i e D u M i c h g e l i e b t h a s t . V a t e r , d i e D u M i r g e g e b e n h a s t , — I c h w i l l , d a ß , w o I c h b i n , a u c h s i e s e i e n m i t M i r , d a m i t s i e m e i n e H e r r l i c h k e i t s c h a u e n , d i e D u M i r g e g e b e n h a s t , d a D u M i c h l i e b t e s t v o r d e r W e l t G r u n d l e g u n g . G e r e c h t e r V a t e r , d i e W e l t z w a r h a t D i c h n i c h t e r k a n n t ; I c h a b e r h a b e D i c h e r k a n n t , u n d d i e s e h a b e n e r k a n n t , d a ß D u M i c h g e s a n d t h a s t . U n d I c h h a b e i h n e n k u n d g e t h a n u n d w e r d e k u n d t h u n D e i n e n N a m e n , a u f d a ß d i e L i e b e , m i t w e l c h e r D u M i c h g e l i e b e t h a s t , s e i i n i h n e n u n d I c h i n i h n e n ."

Das sind die denkwürdigen Worte, die tiefsinnigsten der ganzen Offenbarung, ohne welche Wesen und Ziel der Kirche Jesu Christi und ihrer Einheit nicht erkannt wird. Die römischen Curialisten weisen auf die wunderbaren Worte, deren Sinn ihnen mit sieben Siegeln verschlossen ist, nur hin, um zu sagen, daß Jesus die Einheit seiner Kirche gewollt habe; da sie aber an die Stelle der Einheit, wie sie der Herr gelehrt und grundgelegt, die Einheit, wie sie Kaiser Justinian verstand, gesetzt haben, so ahnen sie nicht, daß in dem hohenpriesterlichen Gebet ihr Wesen und Princip enthalten ist. Die ganze Tiefe des Sinnes dieses erhabensten aller Gebete können wir nicht ergründen, es ist die Fülle des Lichtes aus dem Schooße der Gottheit in der endlichen Form menschlicher Sprache geheimnißvoll hervorleuchtend, — aber jener Kreis von Gedanken, deren Brennpunkt **die Idee der Einheit Aller** ist, die durch das Wort des Evangeliums an den Herrn glauben und glauben werden, zeigt sich **fest geschlossen in wundervoller Klarheit** für Jeden, der nicht in jener mit Hülfe des römischen Rechts gegen das Evangelium construirten geheimnißlosen handgreiflichen Papsteinheit befangen und dadurch in seinem Verstand gefangen ist.

Diese Gedanken sind:

1) Die **zu einigende Kirche** besteht aus den Gläubigen **aller Zeiten**: „**Ich bitte nicht für sie allein**", — das waren die Gläubigen seiner Gegenwart, die sich während seines öffentlichen Lehramtes um Ihn geschaart, — „**sondern auch für diejenigen, welche durch ihr Wort an Mich glauben werden**", — die Gläubigen aller kommenden Zeiten.

2) Die Eigenschaft eines Gläubigen wird erworben und bewahrt durch **den Glauben an Jesus Christus selbst** gemäß dem Worte des Evangeliums, nicht aber durch den Glauben an irgend einen Einfall der herrschenden kirchlichen Oberen gemäß einer bevorzugten Theologen-Schule und ihrer eigenen politischen Erwägung.

3) **Das Princip der Einheit ist das göttliche** überhaupt, und zwar **unmittelbar**, nicht durch eine menschliche Stellvertretung; es ist insbesondere und zunächst der erschienene **Sohn Gottes**: „**Ich in ihnen und Du in mir.**" Dieses Princip bewirkt vermöge seiner Natur nur Vollkommenes, hier also die Vollkommenheit in der Einheit:

„Ich in ihnen und du in mir, auf daß sie vollkommen seien in dem Einssein".

4) Die Beschaffenheit der Einheit wird durch einen Vergleich ganz geistiger Art veranschaulicht, der geeignet ist, die Gläubigen, man weiß nicht, ob mehr mit Staunen oder mehr mit Entzücken zu erfüllen. Die Gläubigen sollen nämlich in ähnlicher Weise Eins sein, wie der Vater und der Sohn es sind. Hier ist nun nicht das Verhältniß des Menschensohnes Jesus zu Gott gemeint, sondern das göttliche auf Grund des gleichen Wesens und der gleichen Majestät, die der Sohn Gottes besaß, ehe denn die Welt wurde. Demnach ist dies keine Einheit, die durch Befehl und Gehorsam bewirkt wird, sondern die Einheit der unendlichen Liebe, die wesenhaft erscheint in dem heiligen Geiste. Soll nun die Einheit der Gläubigen eine ähnliche sein, so kann auch sie nur die der Liebe sein. Die Einheit der Kirche ist also nach ihrer wesenhaften Beschaffenheit der Liebesbund der Gläubigen. Greifen wir zurück auf frühere Belehrungen und Ermahnungen des Herrn, so finden wir eben diese Beschaffenheit der Einheit seiner Gläubigen in der einfachsten und deutlichsten Weise direct ausgesprochen. Wie das Erkennen seiner Gottgesandtschaft durch das Einssein der Gläubigen in Ihm bewirkt wird, so das Erkennen der Jüngerschaft durch die Liebe. „Daran werden alle erkennen, daß Ihr meine Jünger seid, wenn Ihr Euch einander liebet." (Joh. XIII, 35). Die Worte Joh. XV, 9: „Wie Mich der Vater geliebt hat, so habe Ich Euch geliebet: bleibet in meiner Liebe", bedeuten in der Ermahnung nach der menschlichen Seite hin dasselbe, was in der Form des Gebetes zum Vater geheimnißvoll sagen die Worte: „Ich in ihnen und Du in mir."

5) Die Mittel, die Gläubigen zur Einheit eines solchen Liebesbundes zu versammeln, sind Wahrheit und Gnade.

Der Sohn bittet den Vater, daß Er das Einssein gewähren möge, indem Er die Seinigen heilige in der Wahrheit.

Auch dieser Gedanke wird erläutert und erweitert durch dasjenige, was Jesus vorher gelehrt hat. In die Verbindung mit dem Sohne Gottes als dem Einheitsprincipe zu gelangen, giebt es keinen anderen Weg als den Weg der Gnade, durch die der Vater in seinem Geiste die Menschen anzieht. „Niemand kann zu Mir kommen", spricht der Sohn, „es sei denn, daß ihn ziehe der Vater, der mich gesandt hat." Joh. VI, 44. Dieses Ziehen geschieht durch die Belehrung, innerlich, durch die Erleuchtung im Geiste, äußerlich durch das Wort. Mit Berufung auf die Weissagung: „Sie werden Alle von Gott gelehret sein", fügt der Herr also die Begründung jenes Ausspruchs hinzu: „Jeder, der vom Vater gehört und gelernt hat, kommt zu mir." V. 45. Und dann deutet Er hin auf das Vernehmen der Stimme des Vaters im Unsichtbaren. V. 46. Wahrheit und Gnade erscheinen hier wie Licht und Wärme verbunden.

Die Wahrheit als das Wort Gottes ist zugleich die Herrlichkeit, die der Sohn vom Vater für die zu erlösende Menschheit hat; das Licht der Wahrheit ist ihre hervorleuchtende Schönheit, und dieses Licht, diese Herrlichkeit hat Er den Seinen gegeben. „Ich habe ihnen gegeben Dein Wort" (XVII, 14) — und: „Ich habe die Herrlichkeit, die Du mir gegeben hast, ihnen gegeben, auf daß sie Eins seien wie auch Wir Eins sind" (V. 22). Diese Herrlichkeit also, die göttliche Wahrheit, ist zugleich mit jener Aeußerung der Liebeskraft Gottes, die wir Gnade nennen, das Mittel, die Einheit der Gläubigen zu bewirken.

6) Nach welchem Gesetze aber Wahrheit und Gnade die Einheit bewirken, kann nun weiterhin nicht zweifelhaft sein. Es ist nicht möglich, daß dies das Gesetz der Nothwendigkeit sei, das seiner Natur nach Unterwerfung fordert.

Die Idee der Gnade schließt, wie den Begriff des Lohnes, so auch den des Zwanges schlechthin aus. Das ist das absolut Königliche der Gnade, daß sie nicht blos **frei gegeben** wird, sondern auch die **freie Annahme** voraussetzt; **sie kennt kein anderes Gesetz als das der Freiheit**. Und eben dieses Gesetz hat seinen idealen Grund in der Wahrheit, die auch das Licht für das geistige Leben ist und zu diesem zugleich als wesentlicher Bestandtheil gehört, so daß es ohne dieselbe nicht bestehen kann.

In der Wahrheit ist das geistige Lebensgesetz enthalten, und dieses Lebensgesetz ist **das der Freiheit**, wie es denn bei der Gottebenbildlichkeit des Geistes kein anderes sein kann. Darum heißt auch der heilige Geist so nachdrücklich „**der Geist der Wahrheit**" (Joh. XIV, 17 und XV, 26.), der selbst die absolute Freiheit ist und keinen andern Einfluß auf den Geist des Menschen übt als durch „Lehren und Erinnern." (XIV, 26.) Die Wahrheit wird aber nicht blos frei angenommen, sondern in ihr erhält der Mensch die Kraft, die ihm angeborne Freiheit für seine sittliche Entwicklung zur vollen Thätigkeit und Geltung zu bringen. Daher das mächtige Wort des Herrn, das als ein rechtes Evangelium den Geist des Menschen erfreut: „**Ihr werdet die Wahrheit erkennen, und die Wahrheit wird Euch frei machen**", — frei in der vollkommenen sittlichen Freiheit. (Joh. VIII, 32.). Um die Erfüllung dieser Verheißung betet der Herr in seinem hohenpriesterlichen Gebete mit den Worten: „**Heilige sie in der Wahrheit**", denn auch die religiöse Vollkommenheit hat kein anderes Gesetz; sittliche und religiöse Vollendung sind in der vollen Wirksamkeit der Wahrheit Eins. Damit gewinnen wir ferner das Verständniß der geheimnißvollen Rede am Jacobsbrunnen: „Es kommt die Zeit und sie ist schon jetzt, da die wahren Anbeter den Vater anbeten werden im **Geiste** und in der **Wahrheit**; denn es will der Vater solche Anbeter haben, die Ihn also anbeten. Gott ist Geist, und die Ihn anbeten, sollen

Ihn anbeten im Geiste und in der Wahrheit." (Joh. IV, 23—24). Wenn diese erhabenen Worte zunächst auch gegen räumliche, materialistische Hemmung der Freiheit der Anbetung gerichtet sind, so verlieren sie dadurch doch nichts von ihrer allgemeinen Bedeutung.

So sind nun auch in der Kirche, d. h. in der sich Eins wissenden Gemeinschaft der Gläubigen, die himmlischen Kräfte der Erlösung nur nach dem Gesetze der Freiheit wirksam; nach diesem sind alle geistigen Gaben und Schätze zu verwalten. Aufnahme, Mitgenuß, Verharren in dem Liebesbunde: das Alles geschieht in und mit Freiheit. Der Liebesbund der Jünger Jesu ist daher im höchsten Sinne ein moralischer. Die Einheit der Kirche, welche Christus verheißt, zu welcher Er ermahnt, um die Er betet, ist nicht die juristische sondern die moralische.

7) Doch ist sie die moralische in einer wunderbaren Steigerung. Das hohepriesterliche Gebet offenbart uns ein wunderbares Ineinanderleben des Göttlichen und des Menschlichen: "Ich in ihnen und Du (Vater!) in Mir", — das ist die Vollkommenheit in dem Einssein! Zu welchem Grade der geistigen Lebensgemeinschaft die Kraft der Liebe im Lichte der Wahrheit die erlösten Menschen mit ihrem Erlöser erhebt, ahnen wir durch jene Worte; aber fassen können wir es nicht. Noch in anderer Weise hat jedoch der Herr uns durch einen Vergleich die Innigkeit dieser Lebensgemeinschaft veranschaulicht. Er vergleicht sie der Einheit organischen Lebens. Zu wichtig ist dieser Vergleich, als daß wir ihn nicht ganz hieher setzen sollten. Hier ist er. "Ich bin der wahre Weinstock, und mein Vater ist der Weingärtner. Eine jede Rebe in Mir, die nicht Frucht bringet, wird Er wegnehmen; und eine jede, die Frucht bringet, wird Er reinigen, daß sie mehr Frucht bringe. Ihr seid jetzt rein durch das Wort, welches Ich zu Euch geredet habe.

„Gleichwie die Rebe keine Frucht bringen kann von ihr selbst, wenn sie nicht bleibt am Weinstock: also auch Ihr nicht, wenn Ihr nicht in Mir bleibet. Ich bin der Weinstock, Ihr seid die Reben. Wer in Mir bleibet, und Ich in ihm, der bringet viel Frucht, denn ohne Mich könnt Ihr nichts thun. Wer nicht in Mir bleibet, wird weggeworfen werden, wie eine Rebe, — und sie wird verdorren, und man wird sie sammeln und in's Feuer werfen, und sie verbrennt. Wenn Ihr in Mir bleibet und Meine Worte in Euch bleiben: was Ihr wollt, möget Ihr bitten, und es wird Euch gegeben. Darin ist mein Vater verherrlichet, daß Ihr viel Frucht bringet, — und werdet meine Jünger. Wie mich der Vater geliebt hat, so habe Ich Euch geliebt: bleibet in meiner Liebe!" (Joh. XV, 1—9.).

Es ist also eine Lebensgemeinschaft der Gläubigen mit Christus, dem Urheber ihres Glaubens, und in Folge dessen auch untereinander, indem das geistige Leben des Herrn hinüberströmt in ihre Geister ähnlich wie der Saft des Weinstocks in die Reben. Alle Frucht der Erlösung für die Menschheit, — Gerechtigkeit und Heiligkeit, Friede und Freude im h. Geiste — hängt an dieser Einheit. Auch in diesem mit heiliger Ehrfurcht erfüllenden Vergleiche finden wir keine Spur von einem juridischen Momente, wohl aber wieder als unerläßliche Bedingung unter dem gnadenvollen Walten des „Weingärtners", d. i. des Vaters: Wahrheit und Liebe. Die Bedingung für jede Frucht und jede Himmelsgabe ist: „wenn Ihr in Mir bleibet und Meine Worte in Euch bleiben", also wenn in den Gläubigen die Wahrheit bleibet. Und jener Ausspruch: „Ihr seid jetzt rein durch das Wort, welches Ich zu Euch geredet habe", d. h. durch das Wort Gottes, weiset wieder hin auf das Gebet: „Heilige sie in der Wahrheit,

Dein Wort ist die Wahrheit." Am Schlusse des Vergleiches finden wir die keiner weiteren Erklärung bedürfende Mahnung: "**Bleibet in meiner Liebe!**"

8) Als beabsichtigte und zugleich erfolgende Wirkung solcher Einheit in der geistigen Lebensgemeinschaft durch Wahrheit und Liebe wird bezeichnet die **allgemeine Anerkennung des Herrn als des Sohnes in der Herrlichkeit des Vaters und als des Weltheilandes.** Durch solches Einssein solle die Welt erkennen und glauben, daß der Vater den Sohn gesandt und die Menschen geliebt habe, wie Er seinen eingebornen Sohn geliebt. Ferner wird die Liebe, wie sie das Wesen der Einheit bestimmt, so auch zugleich als Ziel derselben hingestellt. Das hohepriesterliche Gebet schließt mit der Zweckbeziehung: "**auf daß die Liebe, mit welcher Du Mich geliebt hast, sei in ihnen und — Ich in ihnen**". In dem Vergleiche mit dem Weinstock spricht der Herr, nach dem Hinweis auf die Liebe und deren Bedeutung, den Zweck der Lebensgemeinschaft also aus: "**Dies habe Ich Euch gesagt, auf daß meine Freude in Euch sei, und Eure Freude vollkommen werde.**" Anerkennung des Herrn, Befestigung der Liebe und vollkommene Freude: das sind die Früchte der wahren Kirchen-Einheit. —

Vergleichen wir nun mit diesen Ideen, welche Lehre und Gebet des Herrn uns darbieten, die Erzählung der Apostelgeschichte von den ersten christlichen Gemeinden. **Nirgends eine Andeutung von einem juridischen Einheitsprincip!** Nach der Himmelfahrt des Herrn fanden sich 120 Jünger, die da treu geblieben waren, in Jerusalem zusammen, welche den Kern der ersten Gemeinde bildeten. Und als der Apostel Petrus auf die Nothwendigkeit hingewiesen, daß Dienst und Apostelamt des verlorenen Judas ein Anderer erhalte, da kam weder ihm noch der Gemeinde der Größenwahn in den Sinn, daß "er die Fülle der Gewalt" habe, daß in ihm die Quelle und der Ursprung des Apostolats sei, daß er nur einen Theil seiner Machtfülle, stets zurücknehmbar, Jemandem zu übertragen brauche, um einen Apostel zu schaffen, sondern sie alle wählten zwei Männer, beteten zu dem Herzenskundigen Aller und warfen das Loos über sie. So ward Matthias Apostel. (Apg. 1, 15—26). Und als dann nach der Herabkunft des h. Geistes gegen 3000 Gläubiggeworbene zu der Gemeinde hinzugethan worden waren, hörte man nur von ihnen: „Sie beharrten in der Lehre der Apostel und in der Gemeinschaft des Brodbrechens und in Gebeten.... Die Gläubigen waren alle beisammen und hatten Alles miteinander gemein. Sie verkauften ihr Hab und Gut und vertheilten es unter Alle, je nachdem Einer bedurfte. Sie beharrten täglich einmüthig im Tempel und das Brod brechend in den Häusern nahmen sie Speise mit Freude und mit Einfalt des Herzens." (II, 42—47.) „Die Menge der Gläubigen war Ein Herz und Eine Seele. Auch sagte Keiner von etwas, das ihm gehörte, sondern sie hatten Alles gemeinsam." (IV. 32). Als das Bedürfniß des Amtes der Diaconen sich herausstellte, wählte wieder die ganze Gemeinde jene sieben Männer voll des h. Geistes und der Weisheit, welchen die Apostel dann unter Gebet die Hände auflegten, um sie für ihren Beruf zu weihen. Vgl. II. Cor. 8, 19.

Petrus war so wenig das Princip der Einheit, von dem alle Sendung ausgegangen wäre, daß er selbst mit Johannes von den übrigen Aposteln nach Samaria gesandt wurde, um den dortigen Gläubigen die Hände aufzulegen zur Ertheilung des h. Geistes (VIII, 14 f.). Da Petrus den Hauptmann Cornelius und sein Haus getauft hatte, mußte er sich vor der Gemeinde zu Jerusalem deßhalb rechtfertigen, nicht „durch die Fülle der Gewalt", sondern durch Gründe. (XI, 1—18). Den Streit über Werth und Beibehaltung des jüdischen Ceremonialgesetzes schlichtete kein Cathedralspruch eines allerhöchsten Pontifex, sondern „die Apostel, die Aeltesten und die ganze Gemeinde", sie alle faßten den Beschluß und entschieden. (XV, 22.). Darum ist auch das Decret überschrieben worden: „Die Apostel, die Presbyter und die Brüder", d. i. die Laien der Gemeinde (V. 23 entspricht: καὶ οἱ ἀδελφοὶ genau dem σὺν ὅλῃ τῇ ἐκκλησίᾳ im V. 22, weßhalb allein schon an der Richtigkeit des Textes nicht zu zweifeln ist.) Bei der erschütternden Abschiedsrede des Apostels Paulus an die Aeltesten der Gemeinde von Ephesus, welche in Milet zu ihm kamen, sagte er, in der Voraussetzung, sie nicht wiederzusehen, nicht, sie sollten sich an Petrus halten, der zu Rom einen Nachfolger als das beständige „göttliche Orakel" für die ganze Kirche einsetzen werde, vielmehr sprach er: „Und nun empfehle ich Euch Gott und dem Worte seiner Gnade, der da vermag Euch zu erbauen und zu geben das Erbe inmitten aller Geheiligten." (XX, 32). Und wie sein eigenes Verhältniß zu ihnen gewesen, zeigt uns der Schlußbericht: „Als er solches gesagt, kniete er nieder und betete mit ihnen Allen. Lautes Weinen Aller entstand; sie fielen Paulus um den Hals und küßten ihn; sie waren am meisten betrübt über das Wort, so er gesagt, daß sie sein Angesicht nicht mehr sehen würden." (36—38.). Da sind keine von Ferne stehenden vor einem Hierarchen tiefgebückten Abulatoren — es sind nur Brüder — Ein Herz und Eine Seele. Nicht auf die Knie werfen sie sich vor dem Apostel Paulus, sondern sie fallen ihm um den Hals. Der Vaticaner sieht die Einheit der Kirche sich offenbaren, wenn die ganze Christenheit vor einem Italiener, der sich den Nachfolger Petri und Statthalter Gottes nennt, in die Kniee sinkt und sich zum Fußkuß drängt. Als aber der Hauptmann Cornelius sich dem Petrus zu Füßen warf und eine anbetende Stellung einnahm, richtete der Apostel ihn auf und sprach: „Steh auf, auch ich bin ein Mensch!" (X, 25—26.) Zu Lystra wollte man den Aposteln Paulus und Barnabas göttliche Ehre erweisen; „da diese das hörten, zerrissen sie ihre Kleider, sprangen unter das Volk und riefen: Ihr Männer, was thut Ihr da? Auch wir sind in gleicher Weise wie Ihr sterbliche Menschen! Euch verkündigen wir, daß Ihr von diesen Nichtigkeiten

Euch wenden sollet zu dem lebendigen Gott!" — XIV, 13—14. Auch als Johannes, nachdem er die Offenbarung empfangen, zu den Füßen des Engels, der ihm solches zeigte, anzubeten, niederfiel, warnte ihn dieser, sich als Mitknecht und Bruder bekennend, und sprach: „Gott bete an!" (Off. 22, 8—9. Vgl. 19, 10). —

Wie wir also in der Apostelgeschichte thatsächlich jene von dem Herrn verheißene und erflehte Einheit der Kirche sehen, so begegnen wir derselben in der Lehre der Apostel überall. In den 21 ihnen zugeschriebenen Briefen ist auch nicht die leiseste Andeutung jener römischen Ansicht enthalten, daß Petrus das Princip der Einheit sei. Ja, für ein solches juridisches Einheitsprincip wird selbst bei der größten Dehnbarkeit der apostolischen Lehre von der Kirche gar kein Raum gelassen. Wenn ich einfach sage: „diese Münze ist von purem Golde", so ist es nicht möglich, aus diesem Satze herauszulesen, daß ich hätte sagen wollen, es sei die Münze eigentlich von Eisen. Ebensowenig ist es für einen vernünftigen Menschen möglich, aus der Lehre der Apostel, Christus sei das Einheitsprincip, herauszudeuten, nicht Christus sei es sondern Petrus. Es ist in den apostolischen Briefen vielfach, bald in lichtvoller, bald auch in zugleich glühender Sprache, die Rede von der Einheit der Kirche; von ihrem Princip, von dem Bande, von ihrem Segen; niemals aber wird dabei des Petrus auch nur irgendwie gedacht. Er wird also auch nach der Lehre der Apostel zum Begriff der Kircheneinheit nicht gehören. Ihn dennoch hineinzutragen — ja nicht ihn, sondern einen angeblichen Nachfolger in Italien, dazu gehört eine Verblendung, welche nur durch den schon dem Kinde über das geistige Auge geworfenen Schleier der Vorurtheile erklärbar ist. Ein solches dem Kinde beigebrachtes Vorurtheil ist der falsche Kirchenbegriff. Die römische Curie hat, wir wiederholen es, den wahren, biblischen Begriff vollständig eingebüßt, wenn sie unter „Kirche" bald die Hierarchie, — nach dem heutigen Vaticanismus den Papst — versteht, bald die juristische Institution ihrer Congregationen und Dicasterien, die ganze Curialmaschinerie. Die h. Schrift dagegen vergleicht wohl die Kirche mit einem Gebäude, mit einem Tempel; aber dann sind die Gläubigen die Bausteine; sie wohnen dann nicht darin — sie sind ja selbst der Tempel, in dem Gott wohnt. Aber die Juli-Constitution von 1870 beginnt mit dem falschen Satze, der ewige Hirt habe die h. Kirche zu erbauen beschlossen, „in welcher wie in dem Hause des lebendigen Gottes alle Gläubigen durch das Band des Einen Glaubens und der Liebe zusammengehalten würden." Da ist also das Haus etwas anderes als die Bewohner. In der h. Schrift und insbesondere auch in den Briefen der Apostel sind die Gläubigen die Kirche, und das Princip ihrer Einheit ist der Geist des Herrn, Gott selbst.

Da der römische Papst gerade als Nachfolger des „Apostelfürsten" Petrus das Princip, Fundament und Centrum der Kirchen-Einheit zu sein behauptet, so forschen wir billig in den Briefen dieses Apostels zuerst nach der gesunden Lehre. Er muß es doch gewußt haben, ob Jesus seine „Amtsperson" zum Einheitsprincip gemacht habe. Es fällt aber schon auf, daß er niemals sich selbst und seinen Stuhl zum Object seiner Predigt gemacht, wie das Pius IX. thut, so oft er seinen Mund öffnet oder die Feder zum Schreiben ansetzt. Nichts davon. Oder kommt er etwa auf den Himmelsbau der Kirche nicht zu sprechen? Da sind seine Worte: „So leget denn ab alle Bosheit und allen Trug und Heuchelei und Neid und alle Verleumdungssucht; und, als eben geborene Kinder (Gottes nämlich), begehret nach der vernünftigen, lauteren Milch, — d. i. nach dem gesunden Worte Gottes, — auf daß Ihr dadurch Wachsthum gewinnet, wenn Ihr ja gekostet habt, daß mild der Herr ist, zu welchem Ihr gekommen seid als zu dem lebendigen Grundsteine, dem von den Menschen zwar verworfenen von Gott aber erwählten und geehrten, auf welchen auch Ihr als lebendige Steine erbaut werdet, ein geistiger Dom, eine heilige Priesterschaft, dar-

zubringen geiſtige Opfer, Gott wohlgefällig durch Jeſus Chriſtus. (I Petr. 2, 1—5.). Petrus lehrt uns alſo deutlich, der Herr ſei das Fundament, auf welchem die Kirche ſich erbaue, und er beruft ſich dabei auf die Weisſagung von jenem „Grund- und Eckſteine, dem auserwählten, köſtlichen", der in Sion gelegt werden ſollte. (V. 6.). Zu lebendigen Steinen werden aber die Gläubigen durch das Wort Gottes, „welches lebendig iſt" und durch „den Gehorſam der Liebe", der ſich kund giebt „in der ungeheuchelten Bruderliebe." (1, 22—25). —
— Der Apoſtel Johannes begründet die Gemeinſchaft der Chriſten untereinander durch die Gemeinſchaft mit dem Vater und dem Sohn. „Was wir geſehen und gehört haben, verkündigen wir Euch, damit ihr die Gemeinſchaft habet mit uns und unſere Gemeinſchaft ſei mit dem Vater und mit ſeinem Sohne Jeſus Chriſtus." (I Joh. 1, 3). Und dann lehrt er in den verſchiedenſten Wendungen immer wieder, daß die Gläubigen in Chriſtus bleiben und Chriſtus in ihnen, wenn ſie wandeln im Lichte der Wahrheit und in der Liebe. Durch das Feſthalten des Wortes Gottes (im Glauben) wird es bewirkt, daß wir „in dem Sohn und in dem Vater bleiben" (2, 24); und ebenſo hängt „die Gemeinſchaft untereinander" davon ab. (1, 7). Andererſeits iſt das Bleiben im Lichte des Glaubens bedingt durch die Bruderliebe. (2, 9). „Wenn wir einander lieben, ſo bleibet Gott in uns und Seine Liebe iſt in uns vollkommen". (4, 12). Auch die Heiligung in der Wahrheit durchleuchtet die Briefe des Apoſtels Johannes. Die Wirkung der Gemeinſchaft mit dem Vater und dem Sohne iſt ihm die vollkommene Freude. (1, 4).

Am meiſten aber hat der Apoſtel Paulus auf das Princip der Einheit der Kirche hingewieſen und dieſe ſelbſt uns mit größter Klarheit geſchildert.

Vor Allem will er keinen Apoſtel als Einheitsgrund anerkennen. Seine Lehre iſt daher zunächſt die directe Widerlegung der vatikanischen Theorie. Die Christen zu Corinth — also in einer von ihm gegründeten Gemeinde — hatten sich in Parteien gespalten. Der Eine sagte: „Ich bin des Paulus", der Andere: „Ich des Apollo", der Dritte: „Ich des Kephas (Petrus)", und der Vierte: „Ich bin Christi." Nur den Letzten läßt der Apostel gelten. Die Anderen fragt er strenge: „Ist Christus etwa getheilt? Ist Paulus für Euch gekreuzigt worden? oder seid Ihr auf den Namen des Paulus getauft?" (I Cor. 1, 11—13). Darin liegt schon Alles; nur dem Gekreuzigten, in dessen Namen wir getauft sind, gehören wir; Er ist der Mittelpunkt, das Princip unserer Einheit, und dies ist Er nach dem Wohlgefallen Gottes des Vaters. „Durch Ihn (durch Gott) seid Ihr in Christo, welcher uns geworden ist Weisheit von Gott und Gerechtigkeit und Heiligung und Erlösung." (V. 30). Darauf schildert er seine Mission und Thätigkeit: er sei nur gekommen, „das Zeugniß von Christo zu verkündigen", — nicht eigene Weisheit; denn er erachte unter ihnen (den Corinthern, deren Apostel er war), „nichts zu wissen als Jesus Christus und zwar den Gekreuzigten". Ihr Glaube beruhe deßhalb allein „auf Gottes Kraft." Den Geist des Herrn könne Niemand belehren; von diesem habe er aber gelernt, Ihn predige er. Dieser Gedanke zieht sich durch das zweite Kapitel des I. Briefes an die Corinther. Und nun fragt er im dritten: „Was ist denn Apollo? Was ist Paulus? Und er antwortet: „Diener dessen, an den Ihr gläubig geworden....... Wir sind Gottes Mitarbeiter; Gottes Acker, Gottes Gebäude seid Ihr. Nach der Gnade Gottes, die mir gegeben ist, habe ich, als ein weiser Baumeister, den Grundstein gelegt; ein Anderer bauet darauf; Jeder aber sehe zu, wie er darauf bauet. Denn einen andern Grundstein (Fundament) kann Niemand legen, als den, der gelegt ist, welcher ist Christus Jesus." (3, 4 u. 9—11.). Hier ist also das Einheitsprincip ohne die Möglichkeit einer Verwechslung. Weder Paulus noch Apollo noch Petrus kann das Fundament sein. Der auf den Grundstein erbaute Tempel sind aber die Gläubigen. „**Wisset Ihr nicht, daß Ihr Gottes Tempel seid und der Geist Gottes in Euch wohnet?**" (V. 16.). Mit Emphase wird der Gedanke, daß ein Apostel das Fundament sein könne, abgewiesen: „**Niemand also rühme sich der Menschen. Denn Alles ist Euer: sei es Paulus, oder Apollo, oder Kephas, oder die Welt, oder das Leben, oder der Tod, oder das Gegenwärtige oder das Zukünftige, — Alles ist Euer, Ihr aber seid Christi, Christus aber ist Gottes.**" (V. 21—23). Also wir sind nicht des Petrus, sondern dieser ist unser, d. h. er ist nicht absoluter Herr über uns, sondern er ist unser Diener um Jesu willen; er darf nicht fordern, daß wir mit Aufopferung des Verstandes und der Freiheit als Knechte ihm zu Füßen liegen sollen, — vielmehr ist er uns zu Dienstleistungen verpflichtet. Unser Herr ist einzig und allein Christus, — wir sind Christi.

Auch in dem Epheserbriefe begegnen wir dem Vergleich der Kirche mit einem wohlzusammengefügten h. Tempel im Herrn; die Gläubigen werden auferbaut zu einer Wohnung Gottes im Geiste, und „der große Eckstein", heißt es, sei „Er Selbst, Jesus Christus". (2, 20—22).

Aber dieses Bild von dem Gebäude und dem Tempel, wie prächtig es auch ist, genügt dem Apostel nicht. Er sucht ein innigeres, ein lebendiges. Er vergleicht die Gemeinschaft der Gläubigen in Gott und untereinander mit organischem Leben: er wählt den Vergleich von dem Leibe und seinen Gliedern, den er mit Vorliebe ausgeführt und durchgebildet hat.

Christus erscheint hiernach dem Apostel als das Haupt, welches sich selbst einen Leib bildet. Dieser Leib ist die Gemeinschaft der Gläubigen; sie sind seine mannigfaltigen, zur schönen Einheit auch äußerlich sich entfaltenden und sichtbar werdenden Glieder. Der Vater der Herrlichkeit hat Christus „gesetzt zum Haupte über die gesammte

Kirche, welche ist sein Leib und die Fülle dessen, der Alles in Allem erfüllt". (Eph. 1, 22—23.). „So wie wir an Einem Leibe viele Glieder, alle Glieder aber nicht dieselbe Verrichtung haben: so sind wir Viele Ein Leib in Christo, insgesammt Glieder Einer des Andern, und haben Geistesgaben zu verschiedentlichem Gebrauch, nach der uns verliehenen Gnade." (Röm. 12, 4—6). Es folgt eine Aufzählung der verschiedenen Gaben — des Weissagens, des kirchlichen Dienstes, des Lehrens, des Ermahnens, der Ausspendung, des Vorstehens. Nach dieser Weisheit des göttlichen Geistes, der theilt und einigt, erkennen wir, daß die ganze reiche Mannigfaltigkeit und Vielheit der Kräfte und Gaben, welche der Kirche verliehen werden, nicht ein Einzelner in ihrer Fülle allein besitzt und nicht besitzen kann; vielmehr müssen sie nach göttlicher Anordnung und unmittelbarer Gnadenvertheilung (I Cor. 12, 4 ff.) vertheilt sein auf die Gläubigen und eine Verschiedenheit im Reiche Gottes bewirken, wie sie zwischen Hand, Fuß und Auge des menschlichen Körpers besteht. Pius IX. behauptet zwar, wie wir sahen, amtlich und urkundlich, er allein vereinige alle jene Kräfte und Gaben in sich als Pontifex nnd Princip der Einheit und von der Verbindung mit ihm strömten sie mit allen Charismen in den mystischen Leib Jesu Christi, — er sei der Apostel, der Prophet, der Lehrer, der Ausspender, der Vorsteher, der die Kraft des Glaubens habe, die Brüder zu stärken, und die ganze Fülle der Gewalt; — aber Paulus sagt: „Die Einen hat der Herr zu Aposteln geordnet, die Anderen zu Propheten, die Dritten zu Lehrern; wieder Anderen gab Er Wunderkraft, Anderen die Gabe der Heilungen, Anderen die der Hülfeleistung, Anderen die der Regierung oder die Sprachengabe", — V. 28 — aber bei dieser Vielheit der Formen, in welchen der Reichthum der Kirche sich offenbart, sieht er die Einheit nicht in einem Apostel, etwa in Petrus, sondern allein in Gott; denn alles dieses, sagt er, wirke Ein und derselbe Geist, der einem Jeden von seinen Gaben zutheile nach seinem Wohlgefallen (V. 11.), nämlich der Geist Jesu Christi. Durch seinen h. Geist belebt eben Christus seinen Leib, die Kirche, so daß Er in seinen verschiedenen Gliedern sich lebendig erweist auf mannigfache Art. Jeder Mensch, ohne Rücksicht auf Nation und frühere Religion, sei er Freier oder Knecht, kann diesem Leibe eingegliedert werden (Röm. 1, 16; 3, 22; Col. 3, 11.). Aber wie geschieht diese Eingliederung? Wenn Jesus sagt: „Ich bin der Weinstock, Ihr seid die Reben", so ist die Frage, wie wir Reben an diesen Weinstock werden, was wir vorher nicht sind. Paulus spricht von einem Einpfropfen der wilden Oelzweige in den edlen Oelbaum, wodurch jene „der Wurzel und Saftigkeit des echten Oelbaums theilhaft würden" (Röm. 11, 17 und 24.). Aber das ist ein Bild von Vorgängen geistiger Art. Forschen wir nun in den Reden des Herrn nach der Lehre von einem solchen Vorgange, so begegnen wir dem geheimnißvollen Worte: „Wenn Einer nicht von Neuem geboren ist, so kann er das Reich Gottes nicht sehen", welches dann erklärt wird: „Wenn Einer nicht wiedergeboren wird aus dem Wasser und dem Geiste, so kann er in das Reich Gottes nicht eingehen." (Joh. 3, 3 und 5). Die Wiedergeburt aus dem Wasser und dem h. Geiste wird Taufe genannt. Wie durch die leibliche Geburt ein neues lebendiges Glied an dem Menschengeschlechte erscheint, so durch die geistige Wiedergeburt ein neues Glied an dem mystischen Leibe der Kirche Jesu Christi. Zum tieferen Verständnisse muß man immer das erläuternde Wort festhalten: „Was vom Fleische geboren ist, das ist Fleisch, und was vom Geiste geboren ist, das ist Geist." (Joh. 3, 6). Diese Lehre des Evangeliums nun, bringt der Apostel Paulus mit wenigen Worten zum klarsten Ausdruck: „In Einem Geiste sind wir alle zu Einem Leibe (d. h. Einen Leib dadurch bildend) getauft...... alle zu Einem Geiste getränket." (I Cor. 12, 13). Die Taufe also macht uns zu Gliedern des Leibes Christi, sie ist das mystische Band der Eingliederung und sie drückt zugleich das Siegel auf, durch welches der Mensch als Eigenthum des Herrn durch den Geist bezeichnet und Ihm gesichert wird. (II Cor. 1, 21—22.). —

Die Taufe ist Eine, wie nur Ein Geist, Ein Leib, Eine Hoffnung, Ein Glaube, Ein Herr, Ein Gott und Vater Aller ist. (Eph. 4, 4—6). Daher bilden die wahrhaft Getauften aller Zeiten, die nach Milliarden zählen, eine ideale Einheit: sie bilden den Einen Leib Christi. Doch, wer also diesem mystischen Leibe eingegliedert ist, kann durch seine Schuld ein absterbendes, ein todtes Glied werden. Bei dem Bilde vom Weinstock wird gesagt, daß Reben unfruchtbar werden und verdorren. Auch von dem Oelbaume des Apostels werden des Unglaubens wegen Zweige abgebrochen. Ferner bei dem Vergleiche mit dem Gebäude, dessen Fundament Christus sei und allein sein könne, bemerkt der Apostel: „es kommt darauf an, was Einer darauf baut: ob Gold, Silber und Edelstein, oder Holz, Heu und Stoppeln". (I Cor. 3, 12.).

Doch kehren wir zurück zu der Entwicklung der Lehre von dem Leibe Christi. Hier ist nun weiter zu beachten, daß das mystische gleichsam organische Band mit dem Herrn durch die freie Hingebung der Gläubigen an seinen Geist im Glauben und Lieben zugleich ein moralisches werden soll. Daher die Mahnung: „wandelt würdig des Berufes, wozu ihr berufen seid, mit aller Demuth und Sanftmuth, mit Geduld ertragen einander in Liebe, beflissen, Einigkeit des Geistes zu erhalten durch das Band des Friedens". Eph. 4, 1—3. Dadurch erst wird dann das Glied von dem Einen Geiste, welcher den Leib durchlebet, vollends ergriffen; so daß es als ein dauernd lebendiges seine Verrichtung vollbringt. Diesen moralischen Charakter verleiht dem Bande der Glaube, dessen Leben Liebe ist. Nun ist, wie nur Ein Herr und Ein Geist, so auch nur Ein Glaube. Darüber ist kein Zweifel. Aber diese Lehre, an sich so klar, wird von den Vati-

canern gewissenlos zur Verführung der Unmündigen im Reiche
Gottes mißbraucht, indem sie die gepriesene **Einheit des
Glaubens** auf ihre scholastischen Definitionen, auf
sophistische Trugschlüsse, ja auf offenkundige Er-
dichtungen und alberne im Dienste der römischen
Herrschaft erfundene Wundergeschichten beziehen,
deren Glaubwürdigkeit und innere Wahrheit früher mit Folter
und Scheiterhaufen bewiesen wurde und auch heute noch mit
Verläumdung, Verfolgung, Excommunication und Schädigung
an Leib und Leben bewiesen wird. Darin besteht aber nicht
die Einheit des Glaubens, daß Alle dasselbe glauben, was die
römische Curie in ihrem Interesse der Masse zu glauben vor-
schreibt. Die Bischöfe, welche das Volk antreiben, um der Einheit des Glaubens willen die zahllosen römischen Dogmen, deren
Zahl und Kreis niemals abgeschlossen ist noch sein kann, anzunehmen, haben den Boden der h. Schrift verlassen. Wo immer
die Apostel von **dem Einen Glauben** reden, da meinen sie
nur den Glauben an den **Einen Herrn** und die von Ihm
vollbrachte Erlösung; es ist der Glaube **an unsern Herrn
und Heiland Jesus Christus.** Es giebt einen berühmten Ausspruch des Apostels Johannes, der fast in aller Munde
ist: „**Das ist der Sieg, welcher die Welt überwindet: unser
Glaube.**" Tausendmal haben wir ihn gehört. Aber wer fügt
uns hinzu das **unmittelbar folgende und erklärende Wort?**
Es heißt: „**Wer ist der Weltüberwinder, wenn nicht derjenige,
der da glaubt, daß Jesus ist der Sohn Gottes?**"
(I Joh. 5, 4—5). Das ist ein vergessenes Wort, dessen Niemand zu Rom gedenkt. Was dort an **Energie und Kraft**
des Glaubens mangelt, das will man ersetzen durch die sinn-
loseste Vermehrung **der Glaubensobjecte.** Großen
Glauben haben heißt zu Rom **möglichst viel und möglichst
absurde** Dinge glauben, während die wahre Größe des Glaubens seine **Innerlichkeit** ist, die geistige Macht, mit welcher
der Gläubige den Herrn als seinen wahrhaftigen und wirklichen
Gott und Heiland erfaßt und festhält. Und **hierin sollen**

die Gläubigen Eins sein. Diese Glaubenseinheit kann daher auch nur durch den h. Geist bewirkt werden, während die römische sich durch Zwang herstellen läßt; diese vollzieht sich durch stumme Unterwerfung, jene durch freudige Hingabe.

In der Einheit des Glaubens an den Einen Herrn offenbart sich der Eine Geist Jesu Christi; und indem die Gläubigen in dem Einen Glauben sich als Glieder an dem Leibe des Herrn erkennen, entbrennt die göttliche Flamme der Liebe; denn wer das Haupt liebt, der liebt auch die Glieder. Die vielen Glieder sind ja Ein Leib und der Leib ist nicht Ein Glied sondern viele. Der Fuß gehört zum Leib, obgleich er nicht Hand ist, und das Ohr, obgleich es nicht Auge ist. Da ist kein Glied Alles, keins hat „die Fülle der Gewalt." „Wenn der ganze Leib Auge wäre, wo dann das Gehör? Wenn der ganze Leib Gehör wäre, wo dann der Geruch? Nun aber hat Gott die Glieder, ein jegliches von ihnen am Leibe, angeordnet, wie es ihm wohlgefiel. Wenn sie alle wären Ein und dasselbe Glied, — wo dann der Leib? Nun aber sind viele Glieder, aber Ein Leib". (I Cor. 12, 14—20). Daher sind alle Glieder in Hülfeleistung auf einander angewiesen und mit einander verbunden in gegenseitiger dankbarer Liebe. —

Man nennt immer den Apostel Johannes als Symbol und Lobredner der Liebe. Und er ist es. Aber Paulus ist ihr das Lob auch nicht schuldig geblieben. Nur wer den Glauben der Christen wider Gottes Gebot gebraucht, um mittelst desselben über sie zu herrschen, verschweigt das Lob der Liebe und setzt an ihre Stelle die oberherrliche Auctorität und die Furcht. Ein solcher aber sinkt so tief, daß er die Liebe verhöhnt und lästert, wenn er hört, daß sie nach dem Evangelium gepredigt wird.

Nachdem der Apostel Paulus im zwölften Kapitel seines ersten Briefes an die Corinther die organische Einheit bei der

Verschiedenheit der durch die Gaben des göttlichen Geistes bedingten mannigfaltigen Functionen der einzelnen Glieder mit Pracht geschildert und betont hat, daß, weil eben Gott es sei, der das Verhältniß der Glieder zu dem Einen großen Lebenszwecke des mystischen Leibes bestimme, in diesem kein Schisma sein könne (V. 24—26), und daß in der durch Ihn geschaffenen Einheit alle Glieder in die Mitleidenschaft oder Mitfreude des einzelnen Gliedes, welches eben Leid oder Freude und Ehre habe, gezogen werden, so schließt er das lehrreiche Kapitel, indem er in ein noch höheres Pathos übergeht mit dem Ausruf: „**Und noch einen herrlicheren Weg zeige ich Euch!**" Und nun folgt das dreizehnte Kapitel mit seinem **Hymnus auf die Liebe**, der an Tiefe und Schönheit von keines Menschen Zunge mehr erreicht worden ist, — dessen Anfang lautet: „**Wenn ich redete in den Sprachen der Menschen und der Engel, die Liebe aber nicht hätte, so wäre ich ein tönendes Erz oder eine klingende Schelle.**" Da vernehmen wir, wie sie Prophetie und Sprachengabe überbauert und größer ist als der Glaube und die Hoffnung. Ohne sie ist der Christ wie ohne Seele, ohne sie auch ohne Werth und ohne Heil. Und über das Wesen der also in glühendem Preisgesang verherrlichten Liebe läßt uns der Apostel durchaus nicht in Zweifel: **es ist die Nächstenliebe, das Merkmal der Jüngerschaft des Herrn, die Probe der Gottesliebe gemeint, die Liebe der Christen untereinander, welche die Glieder an dem Leibe Christi als lebendige erweist und die organische Einheit durch die moralische vollendet.**

Reich ausgebildet hat der Apostel Paulus seine Lehre von der Einheit der Kirche; aber wir finden bei ihm so wenig wie bei einem andern Apostel irgend eine Spur von einer äußerlichen juridischen Einheit. Der Gedanke, daß die Einheit in einer **absolut monarchischen juridischen Institution** über den ganzen Erdkreis zur Erscheinung komme, ja darin ihr Princip habe, welcher jetzt den Papst von Rom und seine Unterworfenen beherrscht, lag ihm schlechthin fern. Von einem „sichtbaren Haupte", welches das unsichtbare auf Erden vertrete und repräsentire, wußte er nichts. Daß ein solcher Gedanke aber auch in seinem System unmöglich war, beweist das vierte Kapitel des Briefes an die Epheser schon für sich allein, und da die Sache von so ungeheurer Tragweite ist, so wollen wir darauf hier noch einmal zurückkommen.

Nachdem die Einheit in den bereits hervorgehobenen Worten: „Ein Leib und Ein Geist", — Eine Hoffnung — „Ein Herr, Ein Glaube, Eine Taufe, Ein Gott und Vater Aller", charakterisirt ist und die Verschiedenheit der Gnadengaben hervorgehoben, wendet der Apostel die Betrachtung mit Nachdruck auf den „Einen Herrn", der herabstieg und Sich Selber gleich „auffuhr über alle Himmel, auf daß Er Alles erfüllete", (B. 10.) der auch allein „die Fülle der Gewalt" hat. Da Er nun auffuhr über alle Himmel, hat Er da Einen zum Statthalter erwählt, der, selber mit aller Fülle ausgestattet in seinem Reiche „Alles erfüllen" sollte als Universalbischof und Hirt der Seelen und unfehlbarer Prophet, und Evangelist und Lehrer, — ein „göttliches Orakel" auf Erden? Mit nichten! „Er hat Einige (mehrere) zu Aposteln, Einige zu Propheten, Einige zu Evangelisten, Einige zu Hirten und Lehrern geordnet, — zur Ausbildung der Geheiligten, für die Verwaltung des Dienstes, für die Erbauung des Leibes Christi, daß wir Alle gelangen **zur Einheit des Glaubens** und der Erkenntniß des Sohnes Gottes" (auf Ihn bezieht sich die Glaubenseinheit), „zur vollen Mannheit, zum Maße des in Christo vollendeten Alters, — auf daß wir nicht mehr Kinder seien, hin und her fluthend und getrieben von jedem Winde der Lehre, durch Trug der Menschen, durch Arglist mit Kunstgriffen der Verführung, sondern — daß wir, Wahrheit übend in Liebe, an Allem zunehmen in Ihm, der das Haupt ist, Christus, durch Welchen der ganze Leib, zusammengefügt und vereint durch jegliches Band der Mithülfe, nach der einem jeden Gliede zugemessenen Wirksamkeit, Wachsthum bekommt zu seinem Gedeihen in Liebe." (V. 11—16.).

Also auch der über alle Himmel Aufgefahrene bleibt das Haupt seines mystischen Leibes auf Erden und erfüllet Selbst Alles in diesem Reiche seines Geistes auf Erden. Zur Einheit des Glaubens führen die vielen Apostel, Evangelisten und Lehrer, die in der Lehre und Unterweisung von dem Einen Herrn übereinstimmen, von Ihm alle zugleich geordnet sind. Indem unser Leben dann in der Liebe die Wahrheit zum Ausdruck bringt, gewinnen wir allseitiges Wachsthum bis zur Vollendung in Christo, welcher allein das Haupt ist und ewig bleibt. Diese Lebensgemeinschaft mit dem Herrn verpflichtet uns, wie es gleich im Eingange des Kapitels heißt, beflissen zu sein, „die Einigkeit des Geistes zu erhalten durch das Band des Friedens."

Nur in der lebendigen Einheit mit dem Haupte und mit den Gliedern kann der Christ das Vollalter seiner religiösen Durchbildung erreichen. Das Wachsthum, von welchem Paulus redet, bedeutet, daß wir mehr und mehr zunehmen an dem Leben in Christo und an der Aehnlichkeit mit Ihm; oder daß wir uns verwandeln von Klarheit zu Klarheit in dasselbe Bild, d. h. den neuen Menschen in uns ausgestalten, der nach Gott geschaffen ist in Gerechtigkeit und Heiligkeit der Wahrheit. (V. 23—24.).

Als Wirkung der Einheit bezeichnet der Apostel die volle Erreichung des Endzweckes der Erlösung, — die Hinführung der Gesammtheit der Gläubigen durch Christus in dem Einen Geiste zu dem Vater, bei Welchem sie dann Mitbürger der Heiligen und Hausgenossen Gottes sind im seligen Frieden. (Eph. 2, 14 ff.). —

Das ist also die ausgesprochene Lehre von der Einheit der Kirche, wie sie in der h. Schrift mit klaren Worten enthalten ist. Wir wollen dieselbe noch einmal kurz zusammen fassen.

Das Princip der Einheit der Kirche ist Jesus Christus, der als das Haupt durch seinen heiligen Geist Sich einen Leib aus den Gläubigen aller Zeiten bildet, indem Er sie durch die Wiedergeburt aus dem Wasser und dem Geiste umschafft und sich eingliedert, mit dem Siegel eben dieser Wiedergeburt oder Taufe sie als die Seinen kennzeichnet und sie als mit Ihm Selbst zu einem mystischen Organismus Verbundene bezeugt. Das Band, welches die einzelnen Mitglieder verbindet mit diesem Organismus, ist zugleich ein moralisches, indem Gnade und Wahrheit nach dem Gesetze der Freiheit dasselbe durch die Liebe vollkommen machen. Das Leben der Glieder hängt nämlich ab von der gläubigen Hingebung derselben an das Haupt und von der Liebe zu diesem und der Glieder zueinander. Die organische Verbindung, welche mittelst der Wiedergeburt entsteht, wird also durch das Leben in und mit dem Haupte des mystischen Leibes auch zur moralischen Gemeinschaft. Die Wirkung solcher Einheit und Gemeinschaft ist der Friede auf Grund der vollendeten inneren Uebereinstimmung mit dem heiligen Willen Gottes und in Folge dessen der Zutritt Aller zum Vater im Himmel als dessen Hausgenossen und damit die vollkommene Freude. —

§ 4.

Die Lehre der apostolischen Väter und der Apologeten des II. Jhrh. von der Einheit der Kirche.

Es ist gewiß, daß die Lehre von der Einheit der Kirche ein Fundamental-Artikel des christlichen Glaubens ist. Davon ist selbst Pius IX. oder sein Inspirator so sehr überzeugt, daß er die erst am 18. Juli 1870 als Dogma verkündete Lehre von seiner universellen Jurisdiction und der darin enthaltenen juridischen Kirchen-Einheit in vollkommenster Naivetät als Fundamentaldogma bezeichnet und anpreist. Von einem Fundamental-Artikel des christlichen Glaubens verlangt man aber mit Recht, daß derselbe schon in der h. Schrift in vollständiger Entwicklung klar und deutlich hervortrete. So haben wir die wahre Einheit denn auch biblisch begründet und entwickelt vorgefunden.

Nehmen wir nun noch eine mehrhundertjährige Geschichte der Kirche hinzu und finden wir in dieser beharrlich denselben Begriff der Einheit, so kann eine spätere Abweichung nur Irrlehre sein. Denn eine Institution, welche innerhalb Jahrhunderte ihren Begriff nicht zur vollen Entfaltung und klaren Anschauung bringt, ist überhaupt nicht lebensfähig, am wenigsten von göttlichem Leben erfüllt. —

Wie leuchtende Sterne ziehen durch die Literatur der ersten christlichen Jahrhunderte die Bilder von dem Tempel und von dem mystischen Leibe, aber von einem einheitlichen äußerlichen Universal-Rechtsinstitute entdeckt man kaum einen schwachen Schein. Doch hören wir zunächst die apostolischen Väter! —

Der dem Barnabas zugeschriebene Brief bringt nirgendwo die Gemeinde zur Sprache, bespricht vielmehr stets das Verhältniß der Einzelnen zu ihrem Erlöser. Aber das Bild des Tempels tritt glänzend hervor in seiner Anwendung auf das Herz des Gläubigen, in dem Gott wohnt (c. 16. ed Dressel). Der Eckstein in dem Bau der Heilsordnung ist Christus (c. 6). Die Christen sind Söhne der Liebe und des Friedens (fin.), das neue Gesetz des Herrn kennt kein Joch der Nothwendigkeit, es ist das Gesetz der Freiheit. (c. 2). Der ganze Brief weiß nichts von einer äußerlichen Rechts- und Zwangsordnung auf dem Wege des Heils. —

Jenes schöne Denkmal christlichen Gemeingeistes, der Brief der römischen Gemeinde an die zu Corinth, welchen man den ersten Brief des Clemens von Rom zu nennen pflegt, wendet mit großer Energie das Bild von dem mystischen Leibe auf das Leben an: „Haben wir nicht Einen Gott und Einen Christus? Einen Geist der Gnade, ausgegossen über uns, und Eine Berufung in Christo? Warum denn zertrennen und zerreißen wir die Glieder Christi und warum empören wir uns gegen den eigenen Leib und verirren wir uns bis zu solchem Unverstand, daß wir vergessen, daß wir Einer des Andern Glieder sind?" (c. 46. ed Dressel).

Mit wahrer Pracht entfaltet der h. Ignatius von Antiochien das Bild vom Tempel. Wie in bekannter Denkweise redend sagt er: „Ihr seid ja Steine des Tempels des Vaters, wohl zubereitet für den Tempelbau Gottes des Vaters, emporgehoben zu der Höhe durch den Hebel Jesu Christi, welcher ist das Kreuz, mittelst des Seiles, welches ist der heilige Geist; Euer Glaube aber ist Euer Führer hinauf, und die Liebe ist der Weg, der zu Gott aufwärts leitet." (Ad Eph. c. 9. ed Dr.)

Hier bleibt kein Raum für einen römischen Papst in dem großen Einheitswerke, welches der dreifaltige Gott beginnt und vollendet. Nicht Befehl und Unterwerfung sind die Mittel, durch welche die Menschen mitarbeiten, sondern Glaube und Liebe im h. Geiste. Die Gläubigen sind eben die „lebendigen Steine", von welchen Petrus redet; sie sind von dem Geiste Gottes durchdrungen und belebt; darum sind sie Eins, wie nur Ein Gott ist. Daß göttliches Leben und göttliche Thätigkeit Alle bewegt und zur Einheit verbindet, erfüllt Ignatius mit solcher freudigen Bewunderung, daß er an jener Stelle fortfahrend in eine Art von Lobpreis übergeht, in welchem ihm die Sprache nicht zu genügen scheint. Er nennt die gemeinsam jenen Weg zur Höhe wandernden Gläubigen „Tempelträger", „Christusträger", das Heilige (den h. Geist) in sich Tragende."

Die innerlichste Ursache der Einheit der Kirche ist ihm also Gott, der in ihr das einheitliche Leben erzeugt und erhält.

„Jesus Christus ist unser untheilbares Leben", Er ist „der Gedanke des Vaters", seine Offenbarung und sein Wohlgefallen. Also sind nun auch die über den Erdkreis zerstreuten und räumlich getrennten Bischöfe allesammt Eins „in dem Gedanken (Geiste) Jesu Christi", weshalb es sich ziemt, daß die Gläubigen hinwieder zusammenstimmen mit dem Gedanken des Bischofs. (Ad Eph. 3 und 4.). Das dehnbare Wort γνώμη erschöpft in dieser Stelle seine ganze Bedeutungsfähigkeit: es heißt „Gedanke und Wille" zugleich, enthält Licht und Wärme. Die γνώμη Christi ist in ihrer Offenbarung für uns göttliche Wahrheit zur Erkenntniß der himmlischen Dinge und göttliches Gebot zum Wandel, wie er im Himmel ist. In der Anwendung erscheinen die Christen durch die Wahrheit in derselben Weltanschauung oder „Eines Sinnes, dasselbe denkend und redend", und durch das göttliche Gebot „Eines Herzens, dasselbe übend in Liebe". Ignatius sieht nun bei den Ephesern seine Theorie verwirklicht; diese Verwirklichung schildert er, indem er fortfährt: „Euer ruhmwerthes und Gottes würdiges Presbyterium stimmt zusammen mit dem Bischofe wie die Saiten zu der Cither. Und so wird in dem Zusammenstimmen Eurer Gedanken und in dem Zusammenklang Eurer Liebe Jesus Christus besungen. Und Ihr Alle einzeln seid wie ein Chor, so daß Ihr, durch die Sinnes-Harmonie zusammenstimmend, in der Einheit Gottes Melodiengang empfangend, lobsinget mit Einem Munde dem Vater durch Jesus Christus.... Heilsam ist es also, daß Ihr in der tadellosen Einheit beharret, auf daß Ihr in Allem Gottes theilhaftig seid". Er preist sie dann glücklich, daß sie dem Bischof verbunden seien „wie die Kirche Jesu Christo und wie Jesus Christus dem Vater, so daß Alles zur Einheit zusammenstimme". (c. 5.). Indem er die Smyrnäer ermahnt, keinen Gottesdienst und keine Sakramenten-Spendung vorzunehmen ohne den Bischof, faßt er dies zusammen in den Worten:

„wo der Bischof erscheint, da sei das Volk, wie dort, wo Jesus Christus ist, die katholische Kirche ist." (C. 8.). Es ist bemerkenswerth, daß Ignatius, der den Schein hierarchischer Tendenzen annimmt, gerade wo dies am stärksten hervortritt, — als wollte er Mißverständnissen vorbeugen, fast unvermittelt Christus als Einheitsprincip der Kirche preist, die nur durch Ihn die katholische ist.

Nirgendwo findet sich eine Andeutung, daß die Einheit durch eine „unendlich höhere Jurisdiction" bewirkt werde. Bei allen Aufmunterungen zur Harmonie mit dem Bischofe ist die Voraussetzung maßgebend, daß dieser beharre in der γνώμη Christi, daß er den Geist des Herrn habe. Wo er daher den Bischof selbst ermahnt, die Einheit zu fördern und zu hüten, da verlangt er nicht, daß dies durch juridische Acte, durch disciplinare Unterwerfung der Gläubigen geschehe, sondern so sagt er zu Polycarp: „Für die Einheit habe Sorge, denn es giebt nichts Besseres; ertrage Alle, wie der Herr dich erträgt, habe Geduld mit Allen in Liebe...... trage die Krankheiten Aller als ein vollkommener Athlet", (Ad Polyc. 1.). Glaube und Liebe sind ihm überall die Bindemittel für die Einheit, gleichsam die Arme, mit welchen die Gläubigen den Mittelpunkt ihrer Einheit umfassen.

Mit einem herrlichen Lob der Einheit beginnt der Brief an die Magnesier: „Da ich erkannt habe, wie wohlgeordnet Euer Gott entsprechender Liebesbund ist, so habe ich beschlossen, in dem Glauben Jesu Christi voll Freude ein Wort an Euch zu richten...... Ich preise die Kirchen, in welchen ich mich rühme,[1] die Einheit des Fleisches und des Geistes Jesu Christi, der durch Alles hin

---

[1] Die Uebersetzung des εὔχομαι durch opto oder durch „erbitten" giebt den absurden Sinn, daß Ignatius diejenigen Kirchen glücklich preise, für welche er um Einheit bitte. Es ist daher die allerdings seltenere Bedeutung vorzuziehen: Ich rühme mich in Bezug auf die vorhandene Einheit, wie εὔχομαι γένος.

unser Leben ist, zu finden; — die Einheit auch des
Glaubens und der Liebe, vor welcher nichts
den Vorzug hat, vor Allem aber Jesu und des
Vaters". (1.).

In dieser Stelle erkennen wir zugleich eine Beziehung auf
das Bild von dem mystischen Leibe. So kommt auch häufig
die Bezeichnung der Gläubigen als „Glieder Christi" vor. Aber
das Bild wird uns ganz deutlich vorgeführt in dem Briefe an
die Trallier (c. 10.). „Durch das Kreuz ladet Christus
in seinem Leiden Euch, die Ihr seine Glieder seid,
zu Sich ein. Es kann ja nicht das Haupt ohne die
Glieder, getrennt von diesen, geboren werden, da
doch Gott, — und der ist er Selbst —, die Einheit
verheißt". Der Gedanke der Einheit und ihres Werthes zieht
sich wie ein goldener Faden durch alle Ignatianischen Briefe; aber
nirgendwo findet sich auch nur eine leise Andeutung, daß der
Bischof von Rom eine Beziehung zu dieser Einheit habe. Aus
der Adresse des Briefes an die Römer den Schluß zu ziehen,
Ignatius habe den römischen Pontifex dennoch für das Fundament, Centrum und Princip der Einheit gehalten, wäre geradezu
sinnlos. Wenn es dort heißt, er schreibe an die Kirche, welche
in dem Stadt- und Land- (Villen-) Gebiete der Römer ihren
Ehrensitz habe als Beschützerin, Förderin der Liebe,¹) so ist dabei
erstens von einem Vorsitz anderen Kirchen gegenüber nicht die
Rede, auch nicht vom Erdkreis, sondern von dem τόπος der
Römer, und drittens nicht von dem Bischof von Rom, sondern
von der dortigen Gemeinde. In dem Briefe selbst erwähnt
er, daß seine Kirche in Syrien (Antiochien) ihres Hirten beraubt
sein werde. Erwartet er nun etwa, daß der Papst von Rom

---

¹) προκάθηται und προκαθημένη τῆς ἀγάπης braucht man durchaus nicht
von einem Präsidium zu verstehen. Mit dem Gen. hat dieses Wort gewöhn-
lich die Bedeutung: etwas beschützen, vertheidigen ꝛc. Indessen wenn man
auch die Bedeutung „Vorsitz haben" annimmt, bleibt doch die obige Be-
schränkung des τόπος bestehen.

einen neuen Bischof dort einsetzen werde? Nichts weniger. Er sagt, seine Kirche habe nun **Gott allein zum Hirten**. „Jesus Christus allein wird an Stelle des Bischofs sie regieren und — Eure Liebe." In ihren Gebeten möchten sie seiner Kirche eingedenk sein. (c. 9.). Von der ungeheuerlichen Lehre des vaticanischen Concils, daß der römische Papst auch zu Antiochien für die dortige Kirche und ihre einzelnen Gläubigen „die ordentliche, wahrhaft bischöfliche Jurisdiction" habe, also an erster Stelle ihr eigentlicher Bischof sei, hatte der Verfasser dieses Briefes offenbar keine Ahnung. Aber er sagt doch zu den römischen Christen: „Eure Liebe" wird sie (die Kirche dort) mit Christus regieren! Freilich. Indessen der Urquell dieser Liebe ist nicht der Bischof sondern einzig Christus. Auch in das Gebet der Epheser, der Magnesier, (durch deren Gebet der Thau auf die Kirche Syriens fallen solle) und der Trallier empfiehlt er seine Kirche. Die nächste Sorge aber für diese überträgt er den Kirchen von Philadelphia und Smyrna, deren Fürbitten er die Wiedererlangung des Friedens für Antiochien zuschreibt. Er bittet sie nun, Rath zu halten und Legaten zu wählen, von den Angesehenen, und sie nach Antiochien zu senden, um dort die Gemeinde zu versammeln, sie zu beglückwünschen und zu stärken und auf diese Weise ihre (der Philadelphier und Smyrnäer) „unermüdliche Liebe" zu verherrlichen. (Ad Philad. 10. Ad Smyrn. 11. Ad Polyc. 7.). So also verhält es sich mit den viel in den Streit geführten, von den Vaticanern als Schild vorgehaltenen Ignatianischen Briefen! —

Ueberaus kühn ist der Vergleich der Kirche mit einem Gebäude von dem Hirten des Hermas angewandt zur Veranschaulichung der Einheit. Hier ist's ein großer Thurmbau. Wir begegnen demselben in der dritten Vision des I. B. und in der IX. Sim. des III. B. An der ersten Stelle erfahren wir, daß der große Thurm (die Kirche) aus glänzenden Quadersteinen über Wassern (Taufe) erbaut wird (c. 2), auf das Fundament des Wortes des allmächtigen und des ruhmreichen

Namens (Jesu Christi), und innerlich gekittet und zusammengehalten wird von der unsichtbaren Kraft des Herrn (c. 3.). Und so erscheint denn auch dieser Thurm „wie aus Einem Stein erbaut". (c. 2.). Prächtiger noch entfaltet sich das Bild an der zweiten Stelle. Auf weitem Plan zwischen zwölf hohen Bergen von verschiedenen Farben und Eigenschaften erhebt sich ein hellweiß glänzender colossaler Fels, der alle Berge ringsum überragt, in Quaderform, uralt und so gewaltig, als könne er die ganze Welt tragen. Hineingehauen ist ein neues Thor, dessen Glanz strahlender ist als der Sonnenschein. Ueber diesem Thore wird ein Thurm gebaut. Die Steine werden herbeigeholt aus der Tiefe, aus den zwölf Bergen und von der ganzen Ebene, und wenn sie passen oder passend gemacht werden können, werden sie herrlich verwandelt in Farbe und Eigenschaft. Alle Steine, die dem Thurmbau für immer eingefügt werden, müssen ihren Weg durch das Thor nehmen. Alles wird rein und schön gearbeitet, bis der wunderbare Thurm eine solche Harmonie gewinnt, daß er, wie aus Einem Stein gehauen scheint. „Der Thurm ist die Kirche;" „der Fels nnd das Thor aber ist der Sohn Gottes", alt, weil vor aller Creatur, neu durch sein Erscheinen als Erlöser. Durch dies Thor müssen Alle, die geeignet erfunden werden, „denn Niemand wird in das Himmelreich eingehen, es sei denn, daß er den Namen des Sohnes Gottes empfange." Das Thor also ist der Sohn Gottes,[1] durch den allein der Zutritt zu Gott möglich ist; die jungfräuliche Hand aber, welche die Steine durch das Thor fördert, bedeutet den heiligen Geist. „Die an Gott glauben durch seinen Sohn, haben diesen Geist angezogen. Siehe, es wird Ein Geist sein und Ein Leib und Eine Farbe ihrer Gewande". Daß der Sohn Gottes das

---

[1] Es sei auch hier daran erinnert, daß in unseren Tagen die aller Geschichte der Christenheit unkundigen oder entfremdeten vaticanischen Bischöfe dem Volke die Anschauung beigebracht haben, das Thor oder die Thüre der Kirche sei — der römische Papst! —

Fundament sei, wird noch nachdrücklich betont; Er trage gern diejenigen, die ihrerseits Seines Namens sich nicht schämten. —

Auch der berühmte Brief an Diognet kennt keinen andern Grund und Mittelpunkt der Kirche als den Logos. „Er Selbst (Gott) hat im Innern der Menschen der Wahrheit und dem heiligen unerfaßlichen Logos die Stätte bereitet und Ihn in ihren Herzen befestigt" (c. 7.). „Dieser Logos, immerdar heute, als Sohn erachtet, ist es, durch welchen die Kirche bereichert wird, die reich entfaltete Gnade in den Heiligen sich vervielfältigt ꝛc." (c. 11.).

Wir dürfen diesen Abschnitt schließen mit der Bestätigung, daß die biblische Lehre von der Einheit der Kirche in der Literatur der apostolischen Väter fast wörtlich und in denselben Vergleichen und Bildern wiederkehrt. —

Von den Apologeten des zweiten Jahrhunderts, deren Schriften uns ganz oder doch theilweise erhalten sind, steht der bedeutendste zuerst vor uns, Justin der Martyrer und Philosoph, — in Schriften für das Christenthum thätig etwa seit dem Jahre 138. Von ihm rühmt man, daß er der tiefste Kenner und gründlichste und sicherste Darsteller der christlichen Lehre um die Mitte des 2. Jahrhunderts sei. Es ist aber nicht möglich, aus seinen Schriften auch nur eine Ahnung zu gewinnen, daß das Heil der Gläubigen von einer Central-Regierung der Kirche abhängig gemacht worden sei, wie er denn überhaupt von der Existenz einer solchen auch schlechthin nichts weiß. Das Reich Gottes ist in seiner Anschauung „nicht nach menschlicher Art", es hat keine staatsähnliche Organisation, um sich als Rechtsorganismus an die Stelle des Kaiserreichs zu setzen. (Apol. I. c. 11.). Es ist ein Reich der Vernunft und der Tugend aus freier Wahl, nach Gottes Gedanken und Ordnung, wie sie in seinem Sohne, in Jesus Christus, von welchem die Christen ihren Namen haben, geoffenbart worden. Das ist die Grundanschauung, von welcher aus

6*

Juſtin die Schutzrede für die chriſtliche Religion und ihre Bekenner führt. Die ordentliche Eingliederung in die Gemeinſchaft der Chriſten geſchieht zwar durch das Geheimniß der Wiedergeburt (Taufe) (Apol. I, 61); allein auch dies my ſt iſ ch e Band iſt keine abſolute Schranke; alle die vernunftgemäß (im Geiſte des Logos, des Sohnes Gottes, der die abſolute Vernunft iſt) auch vormals lebten, z. B. Socrates und Heraclit bei den Griechen, wie bei den Hebräern Abraham, Ananias, Azarias, Miſael und Elias, ſind Chriſten (Apol. I, c. 46). Bei dieſer Anſchauung iſt es undenkbar, daß Juſtin an ein juriſtiſches Einheits-Centrum den chriſtlichen Namen und ſein Heil geknüpft habe. So findet ſich auch in dem Dialog mit dem Juden Tryphon, in welchem er die geſammte Lehre der Chriſten als ihr berufener Anwalt vertheidigt, kein Schatten eines Univerſalbiſchofs, in welchem die Chriſten das Princip ihrer Einheit haben ſollten.

Die Gemeinſchaft der Getauften ſchildert Juſtin als die des Gebetes, des Cultus (in der Feier der Euchariſtie) und des Sittengeſetzes. In den gottesdienſtlichen Verſammlungen erſcheint ein Vorſteher, aber dieſer wird genannt „der Vorſteher der Brüder;" — er iſt ein Bruder unter Brüdern. Der Bruderſinn umfaßt auch die Abweſenden. Sie ſind Alle ſtets beiſammen in der Liebe. (Apol. I. 65—67.). Der Vorſteher der Brüder iſt der Freund und Helfer der Armen, der Kranken, der Gefangenen; die Mittel zur Hülfe bringen ihm freiwillig die Brüder (67). Wie anders hätte er auch die Beziehungen der Gemeinſchaft auffaſſen können, da er, ſo oft er das Ziel des Chriſtenthums zur Beurtheilung der Chriſten hervorheben wollte, dieſes in die Nachahmung Chriſti ſetzte? (Apol. II, 1 und öfter). Die Kraft dazu gewährt der Geiſt des Herrn. Aber weder kennt Juſtin einen „Statthalter", welcher aus dem ihm verliehenen Monopol des heiligen Geiſtes deſſen Kräfte und Gaben austheilte, noch weiß er überhaupt von einer Ausſchließung von der unmittelbaren Theilnahme. Chriſtus ſelbſt iſt es, der, wenn auch emporgeſtiegen, dennoch von der Gnaden-

Fülle seines Geistes spendet, wem und so viel er will; kein Geschlecht schließt er aus von der Mittheilung seines Geistes. (Dial. c. Tryph. 87—88). Die ganze Christenheit, — wir alle, so jubelt Justin, sind, als Gläubige von den Sünden gereinigt und durch das Wort der Berufung entflammt, „das wahre hohepriesterliche Geschlecht Gottes", die wir nach seiner Weissagung an allen Orten unter den Völkern Ihm angenehme und reine Opfer darbringen in der Eucharistie. (Dial. c. 116—117.). Von Ihm, dem „Hohenpriester", stammen sie ja ab; sie sind das „aus dem Glauben und dem Geiste geborene Geschlecht", von Christo in Gott gezeugt, „die wahre Söhne Gottes heißen und sind". (Ibid. 135 und 123.). In diesem Ursprung ist das Princip ihrer wunderbaren Einheit. Woher des Landes sie auch kommen, die Gläubigen: vermöge der Ihm vom Vater verliehenen Macht beruft Christus sie zur Freundschaft, zum Segen, zur Sinneserneuerung, zum Beisammenwohnen und -Leben, um mit Ihm und in der Gemeinschaft aller Heiligen das ewige unverwelkliche Erbe zu empfangen. (Ibid. 139.). Sie alle sind wie eine einzige „Tochter", wie ein einziges „Kind" Gottes, „wie ein einziger Mensch durch den Namen Jesus" (Ibid. 63, 42, 116.). Sie sind „der von Gott und dem Erlöser Christus gepflanzte Weinstock, sein Volk." (Ibid. 110.) Diese Einheit ist also eine gleichsam organische, die von Innen heraus erzeugt wird und sich gestaltet. Indem er die Einheit in der Vielheit hervorhebt, greift er auch zu dem biblischen Bilde von dem Leibe und den Gliedern. Die Vielen, die von der Sünde durch den Herrn erlöst sind und von Ihm gelehrt, sind von Ihm „wie ein einziges Kind" oder genauer „Kindlein" (ὡς ἓν παιδίον), ähnlich wie es bei einem Leibe sich verhält: da werden viele Glieder gezählt, aber das Ganze wird Eins genannt und ist ein Leib. So wird nämlich auch das Volk (Gottes), die Kirche, obgleich der Zahl nach die Menschen, die sie bilden, eine Vielheit sind, da sie ihrer Bestimmung nach wie Ein Wesen finb, mit dem Einen-Namen genannt und bezeichnet" (Ibid. 42.). Daß ihm aber diese Einheit durchaus geistiger Art ist, nicht durch äußerlichen juristischen Befehl geschaffen werden kann, sehen wir daraus, daß er die Kirche, wo er sie wie eine **Tochter** vor Gott erscheinen läßt, als „**Eine Seele**" betrachtet. (Ibid. 63). —

Justin, der berühmte Lehrer der Christen um die Mitte des zweiten Jahrhunderts, der in Rom selbst eine Schule gestiftet, führt alle zu Christus, in welchem die Gläubigen die Einheit ihres Namens, ihres Berufes und ihres Wesens finden; von einem „Statthalter" im Reiche Gottes weiß er, wie gesagt, nichts. —

Nach seinem Tode blieb der Assyrier Tatian, sein Schüler, noch längere Zeit in Rom, wahrscheinlich als Vorstand der erwähnten Schule, ein strenger asketischer Mann, der später durch seinen düstern Ernst in intellectuelle Verirrungen verfiel. Seine gegen das Jahr 170 geschriebene Schutzschrift gegen die Hellenen wird zu der katholischen Literatur gerechnet. Nur einmal berührt er das innere Verhältniß der Christen, indem er hervorhebt, daß alle, Arme wie Reiche, der Lehre theilhaft seien und jedes Alter seine Ehre habe. „**Wir gehorchen den Geboten Gottes und dem Gesetze des Vaters der Unsterblichkeit**", sagt er, die menschlichen Lehrorakel ausdrücklich ablehnend, (c. 32). Von unfehlbaren Sprüchen eines Statthalters dort in seiner Umgebung hat er keine Kunde. —

Athenagoras, hochangesehen, bedeutender als Tatian, ein Führer der Schule in Athen und Alexandrien, wie es scheint, schrieb gegen das Jahr 177 eine Schutzschrift für die Christen; hernach noch eine Schrift über die Auferstehung der Todten. Er kennt nicht den Gegensatz von „Kirche" als einer juristischen Institution und Staat, sondern von dem, was Gottes ist, und dem Kaiserreiche. Er stellt die Christen als unschuldig Verfolgte dar und begründet die Unschuld durch den Nachweis, daß sie in Bezug auf das Göttliche und gegen das Kaiserreich ehrfurchtsvoller und gerechter als Alle sich verhalten. (Leg. c. 1.

und 37.). Dem Kaiser gehorchen sie in Ehrfurcht, weil er das Reich von Oben, vom Himmel her empfangen hat (18.). Die Dogmen, welchen sie folgen, sind nicht menschliche sondern von Gott geoffenbart und gelehrt, und gipfeln für das Leben in dem Gesetze der Liebe des Nächsten bis zur Feindesliebe (c. 11.). Rechenschaft sind sie Gott schuldig, welcher dem Menschengeschlechte als der Herr vorsteht und das Gericht hält. (c. 12 und 19). Das Verhältniß der Einzelnen zu Gott ist ihm ein ganz selbstständiges; für eine juristische Vermittelung hat seine Lehre keinen Raum. —

Theophilus von Antiochien, also Bischof einer Cathebra Petri, eines Sitzes, der zu den Säulen der alten Kirche gehörte, schrieb (gegen das Jahr 181) eine Schrift in drei Büchern, die er an den gebildeten Heiden Autolicus richtete. Andere Werke sind verloren. Den Autolicus belehrt er über die Christen. Diese bekennen Gott, aber nur Einen, den Schöpfer des Weltalls, von welchem sie „ein heiliges Gesetz gelernt haben". Auch dieses Gesetz der Propheten und Evangelien ist, wie die Gerechtigkeit, die es enthält, nur eines, weil Alle, die es verkündeten, erfüllt von dem Einen Geiste Gottes redeten. (III, 9—12). Das Gesetz und die Gerechtigkeit offenbaren sich aber in einer reichen Fülle von sittlichen und religiösen Kräften; doch Einer ist's, der durch alle herrscht, nämlich Gott. Bei den Christen „findet sich ein die Besonnenheit, die Enthaltsamkeit wird geübt, die Monogamie bewahrt, die Keuschheit bewacht, die Ungerechtigkeit ausgerottet, die Sünde entwurzelt, die Gerechtigkeit gepflegt, das Gesetz beobachtet, Gott verehrt, bekannt und gepriesen; die Wahrheit ist die Ordnerin, die Gnade die Hüterin, der Friede der schützende Wall, das heilige Wort ist Wegweiser, die Weisheit Lehrmeisterin, das Leben der Kampfpreis und das Scepter führt Gott". (III, 15). Daß ein Mensch das herrschende Haupt der Christen sei oder sein könne, davon weiß Theophilus nichts. Das Wort „Kirche" (ἐκκλησία) kommt bei ihm wohl vor, aber in der Mehrzahl und so, daß jede Einzelkirche wie eine rettende Insel erscheint. „Wie es auf dem Meere bewohnbare Inseln mit süßem Wasser und fruchtbarem Boden giebt, die Ruheplätze und Häfen haben, wo diejenigen, welche Sturm gelitten, Zufluchtsstätten finden können, so hat Gott auch der durch die Sünden in Sturm und Brandung gerathenden Welt die Synagogen, d. h. die heiligen Kirchen dargeboten, in welchen gleich Inseln mit wohlbegrenzten Häfen die Schulen der Wahrheit sind, zu denen die Heilsuchenden dem Zorn und Gerichte Gottes entfliehen wollenden Liebhaber der Wahrheit sich flüchten". Er warnt aber zugleich vor den Zerrbildern in den Schulen des Irrthums, der Häresien, die gleich jenen klippenreichen wasserlosen und wüsten Inseln den Schiffen nur Anlaß zum völligen Untergang werden. (II, 14.). — Daß die Rettung Jener, welche in den Hafen einer Einzelkirche gelangen, noch davon abhängig sei, daß ein Italiener es gestatte, daß die rettende Insel existire, wird nicht gesagt. —

Tief zu beklagen ist, daß die Schriften der gleichzeitigen berühmten Bischöfe Melito von Sardes (in Lydien) und Dionysius von Corinth verloren gegangen sind. Der Erstere hatte sogar ein Buch „über die Kirche" geschrieben, in welchem wir directe Aufschlüsse über Wesen und Einheit der Kirche nicht ohne Wahrscheinlichkeit erwarten konnten. Von Dionysius wurden in der alten Kirche acht Briefe berühmt, welche Eusebius (h. e. IV, 23) „katholische Briefe an die Kirchen" nennt, eine Bezeichnung, welche, wenn sie um diese Zeit auf Briefe des Bischofs von Rom angewendet wäre, für den römischen Jurisdictions-Primat als ein unanfechtbares Zeugniß ausgebeutet werden würde. Auch war seine Wirksamkeit eine katholische. Eusebius und nach ihm Hieronymus (catal. 27) heben es namentlich hervor, daß er an der Frucht seiner gottbegeisterten Arbeit nicht nur die seinem bischöflichen Sprengel angehörigen Gläubigen Antheil nehmen ließ, sondern auch die fremdländischen, die Bewohner anderer Städte und Provinzen. Hieronymus sagt ausdrücklich, er habe auch die Bischöfe anderer Provinzen brieflich „unterwiesen". Seine Sorge und Wirksamkeit reichte wie nach Athen und Lakedämonien und nach den griechischen Inseln, so auch nach Kleinasien und Italien. Das war aber kein Jurisdictionsverhältniß sondern das desselben Geistes und der Liebe. Gleichwohl lobt, tadelt, warnt, ermahnt und lehrt er. Für uns ist hier von besonderer Bedeutung ein erhaltenes Fragment aus seinem Briefe an die römische Kirche. Dasselbe lautet: „Das ist eure Uebung seit dem Ursprunge des Christenthums, daß ihr alle Brüder mit den mannigfachsten Wohlthaten bedenket und den in jeder Stadt bestehenden Kirchen Lebensbedürfnisse darreichet. So lindert ihr die Noth der Bedürftigen; auch denen, die in den Bergwerken arbeiten, spendet ihr den nöthigen Unterhalt. Diese Gewohnheit hat euer Bischof (Soter) nicht blos beibehalten, sondern noch gesteigert, indem er nicht allein Gaben an die Geheiligten spendet sondern wie der liebevollste Vater die von ferne her kommenden Brüder wie eigene Kinder aufnimmt und mit gottseligen Worten tröstet." — Diese unscheinbaren Zeilen enthalten wichtige Dinge. Erstens finden wir als das Rechtssubject die römische Gemeinde, in deren Geiste der Bischof handelt. Zweitens sagt Dionysius, da er von diesem redet, keineswegs etwa „unser Papst" oder „der heiligste Vater" und wie die Titel heute alle heißen, sondern „euer Bischof." Da ist kein Raum mehr für „die wahrhaft bischöfliche und eigentliche und ordentliche Jurisdiction" des römischen Bischofs in dem Bisthum zu Corinth und über den dortigen Bischof, der ihm hier ein gutes Zeugniß ausstellt. Um die jetzt so veränderte Situation auch mit dem Gefühl zu erfassen, stelle man sich vor, ein heutiger deutscher oder französischer gehorsamer Bischof schrieb einen Brief an die römische Gemeinde, worin er von Pius IX. redete mit der Bezeichnung: „euer Bischof": — es würde der Vatican einen solchen für einen boshaften Spötter oder für einen vermessenen Ketzer halten, der Absetzung und Excommunication verdient hätte. Dionysius konnte nach dieser Aeußerung unmöglich in dem Bischofe von Rom das Einheitsprincip der Universalkirche suchen oder gar zu finden glauben. —

Die Stellung des h. Irenaeus kann eingehender nur in Betracht gezogen werden, wenn wir (an anderm Orte) die Verfassungs- und Primatsfrage behandeln; hier genügen die folgenden Bemerkungen. Es ist wahr, daß dieser für die katholische Kirche so bedeutsame Mann die Verfassung als eine durchaus feste und überall in der Christenheit sich selbst gleiche ansieht und lehrt; aber es ist ebenso unzweifelhaft, daß er **principiell** die Selbstständigkeit der Einzelkirchen als selbstverständlich anerkennt, und nur aus einem **praktischen** Bedürfniß einen Vorzug der römischen Kirche annimmt, was ihn aber nicht hindert, als die **wahre Metropole der Bürger des neuen Bundes die Kirche von Jerusalem zu preisen, „von welcher alle Kirchen ihren Ursprung genommen"** (ἐξ ἧς πᾶσα ἔσχηκεν ἐκκλησία τὴν ἀρχήν. III, 12, 5.).

Er geht von dem Gedanken aus, daß die Apostel nicht in Gemeinschaft an allen Orten das Evangelium predigten und die Kirche gründeten, sondern vereinzelt, zerstreut, wie wir ja auch wissen, daß Jacobus, Petrus, Johannes und Paulus sich förmlich verglichen über das Gebiet ihrer Wirksamkeit (Gal. II, 9), und daß Paulus erklärte, er wolle nicht „auf fremdem Grunde bauen", d. h. „wo Christi Namen schon bekannt geworden" durch andere Apostel (Röm. 15, 20.).

Die Apostel gaben jeder von ihnen gestifteten Einzelkirche den Schatz des Evangeliums mit allen seinen Gnaden **vollständig** und organisirten eine jede zwar nach gleicher Norm und Ordnung, aber nicht die eine in juristischer Abhängigkeit von der andern. Trotzdem waren die sämmtlichen Kirchen nicht disjecta membra, sondern eine einzige katholische Kirche. Die Einheit der Kirche wurde jedoch nicht so bewirkt, daß eine die Sonne der andern geworden, so daß alle dadurch die Einheit erlangt, daß sie durch Strahlen derselben Sonne erleuchtet wären; sondern in jeder leuchtet die Sonne der Wahrheit so sehr ganz und ungetheilt, als wäre sie für dieselbe allein vorhanden. Das ist durch die überall hin zerstreute und doch überall vollständige Predigt der Apostel geschehen. „Obgleich die Kirche diese Predigt und diese Glaubens-Hinterlage (selbst) zerstreut in der ganzen Welt empfangen hat, so bewahrt sie dieselbe doch mit Sorgfalt wie in Einem Hause wohnend; und wie Eine Seele und Ein Herz schenkt sie dem Inhalte Glauben, und wie wenn sie nur Einen Mund hätte, so zusammenstimmend predigt, lehrt und überliefert sie ihn wieder. Wie ungleich auch die Sprachen durch die Welt hin einander sind, so ist doch die Bedeutung der Tradition eine und dieselbe. Und die in Germanien gelegenen Kirchen glauben und überliefern nicht anders als die in Iberien, die unter den Kelten, die in Anatolien, die in Aegypten, die in Libyen und die im Mittelpunkte der Welt befindlichen; sondern wie die Sonne, das Werk Gottes, in der ganzen Welt Eine und dieselbe ist, so leuchtet auch die Predigt der Wahrheit überallhin und erleuchtet alle Menschen, die zur Erkenntniß der Wahrheit gelangen wollen; auch wird von den Vorstehern in der Kirche weder derjenige, welcher der Rede in hohem Grade mächtig ist, etwas anderes als dieses (als das Ueberlieferte) sagen, — denn Niemand ist über den Meister —, noch wird der in der Rede Unvermögende die Tradition vermindern. Denn da der Glaube ein einziger und sich selbst gleich ist, so vermehrt ihn weder derjenige, welcher Vieles über denselben zu reden vermag, noch vermindert ihn, wer nur weniges zu sagen im Stande ist". (I, 10, 2.). Also weder eine Kirche hat einen Mangel oder Vorzug in Bezug auf die Fülle der Wahrheit noch ein Vorsteher oder Bischof. Von jeder apostolischen Kirche strömt das volle Sonnenlicht der Wahrheit aus. Die Tendenz der mitgetheilten Stelle geht dahin, die Sicherheit des Zeugnisses der Wahrheit anschaulich zu machen; in zweiter Linie wird aber auch die Einheit der Kirche, auf welcher eben die Sicherheit des Zeugnisses beruht, hervorgehoben. Alle Kirchen sind Eins durch dieselbe Wahrheit, in der sie einmüthig sind und die sie wie aus Einer Seele verkünden. In unwesentlichen Dingen besteht natürlich Verschiedenheit; aber wer die

Gottesliebe hat, wird deshalb den Andersdenkenden **den Frieden** nicht aufkündigen und Trennungen hervorrufen, was nur aus Selbstsucht geschehen kann. Wer die Einheit der Kirche mehr schätzt als sein Privatinteresse, der wird wegen kleinlicher Ursachen nicht den erhabenen und hochherrlichen Leib Christi (die Gemeinschaft der Gläubigen) zerreißen und theilen. (IV, 33, 7.). Als Momente der Einheit zählt Irenaeus auf: den Einen Glauben an den Einen Gott und Vater, an die Eine Veranstaltung der Incarnation des Sohnes Gottes und an die Eine Gabe des Geistes; das Eine Streben, das nämliche Sittengesetz zu erfüllen; die Bewahrung der Identität der Verfassung, und die Erwartung derselben Ankunft des Herrn und des gleichen Heils des ganzen Menschen, — der Seele und des Leibes. (V, 20, 1.).

Wie wird nun solche Einheit bewirkt? Nicht durch despotische Gewalt. „Wir konnten nicht Eins werden in Christo Jesu ohne das Wasser, welches vom Himmel ist." (III, 17, 2). Das Taufbad ist es, welches uns zur Unverweslichkeit dem Leibe nach einigt, während der Geist diese Einigung an den Seelen vollzieht. Es ist ein „Thau Gottes", dessen wir bedürfen. (Ibid. 2—3.). Die Christen selbst vollziehen ihrerseits die Einigung zunächst durch den Glauben im Lichte; denn, die dem Lichte zueilen, sind es, welche durch den Glauben mit Gott sich einigen. (V, 28, 1.); aber auch die Liebe ist für sie die einigende Gewalt. (V, 18, 2.).

Das **Haupt** aber, in welchem **alle Kirchen Eine Kirche** sind, ist der Logos, ist **Christus**. Er, der vom Himmel herabstieg, in der Kraft des Vaters, um aus uns sich ein geheiligtes Volk darzustellen, der auch Alle richten und denen, die seine Gebote gehalten, Gottes Güter schenken wird, — Er wird in den letzten Zeiten erscheinen als der Eckstein, der in Eins versammelt und einigt die ferne und die nahe sind, d. h. Juden und Heiden. (III, 5, 3.). Der Herr streckt die Arme aus (am Kreuze) zum Zeichen, daß Er **zwei Völker in Eins** versammelt; ja seine beiden ausgestreckten Arme bedeuten die beiden getrennten Völker; in der Mitte aber ist das sie einigende Haupt. (V, 17, 4.). "Es erweist sich uns Ein Gott und Vater, der über Alles ist, durch Alles und in Allen. Ueber Alles ist Er der Vater und als solcher das Haupt Christi; durch Alles der Logos, und dieser ist das Haupt der Kirche, und in uns allen ist Er der Geist, der auch das lebendige Wasser ist, welches der Herr denen giebt, die auf rechte Weise an Ihn glauben und Ihn lieben." (V, 18, 2.).

Es ist klar, daß hier noch alle Elemente der biblischen Lehre von der Einheit der Kirche vorhanden sind. Aber das Hereinziehen der Verfassung in die Lehre von der Einheit ist der Bibel fremd. Wenn Irenaeus damit die Rettung des historischen Christenthums gegenüber den Gnostikern und Montanisten bezweckte und erreichte, so lag in dem gewählten Mittel doch eine große Gefahr, andererseits den christlichen Geist zu fesseln und jene Veräußerlichung der Religion in die hierarchische Auctorität herbeizuführen, welche auch die innere Einheit zerstören mußte. Freilich war die Art und Weise, wie er die Verfassung auffaßte und verwerthete, an sich noch nicht die Gefahr; aber das Auskunftsmittel, welches er wählte, um nicht den weiten Weg der Befragung aller Kirchen um ihre Tradition gehen zu müssen, die Art, wie er Rom in's Mittel zog, trug die Gefahr in sich, wenn auch erst für spätere Zeiten, die dem Mißverständnisse zugänglich waren. Es kann hier aber nur diese Andeutung gegeben werden, da eine ausführliche Erörterung zu sehr in die Verfassungsfrage überhaupt hineinführen würde gegen die Absicht dieser Schrift.

Irenaeus selbst freilich konnte sich nicht mißverstehen. Auch hatte er einen Leitstern, dessen Strahlen ihn stets in das innerste Heiligthum der wahren Kirche führten, so daß auch das Ansehen der römischen Kirche ihn nicht hätte irreleiten können. Dieser Stern war ihm der Geist der Wahrheit. In letzter Instanz entschied nicht die äußere Auctorität, sondern "der Geist Gottes, der die Wahrheit ist." Doch diese seine ganze Anschauung ist wichtig genug, daß wir sie noch durch die Mittheilung seiner eigenen Worte (III, 24, 1) näher begründen. Zugleich mit der Widerlegung der Irrlehren, sagt er, habe er auch dargethan, daß die Predigt der Kirche durch allseitiges Zeugniß feststehe und als sich stets gleichbleibend erwiesen sei, das Zeugniß der Propheten, Apostel und aller Jünger für sich habe, wie er gezeigt durch Anfang, Mitte und Ende und durch die gesammte Disposition Gottes und Veranstaltung des Heiles des Menschen, wie sie in unserm Glauben sei; „den wir", fährt er fort, „als von der Kirche empfangen bewahren, und der ohne Unterlaß durch den Geist Gottes wie ein kostbarer Schatz in gutem Gefäße sich selbst verjüngend ist, — sich selbst und das Gefäß, in dem er ist. Denn dieses Geschenk Gottes ist der Kirche anvertraut, wie zur Beseelung des Geschöpfes, auf daß alle theilnehmenden Glieder lebendig werden; durch dieses ist geordnet die Gemeinschaft Christi, d. i. der heilige Geist, das Unterpfand der Unverweslichkeit, die Bestärkung unseres Glaubens, die Leiter des Aufsteigens zu Gott. „Denn in der Kirche, heißt es (1 Cor. 12, 28), hat Gott Apostel eingesetzt, Propheten, Lehrer", und die gesammte übrige Wirksamkeit des Geistes, woran alle diejenigen keinen Antheil haben, welche nicht zur Kirche eilen (in ihre Gemeinschaft), sondern durch ihr schlimmes Bekenntniß und schlechtes Handeln sich selbst des Lebens berauben. Denn wo die Kirche ist, da ist der Geist Gottes, und wo der Geist Gottes ist, da ist die Kirche und jede Gnadengabe. (Ubi enim Ecclesia, ibi et Spiritus Dei, et ubi Spiritus Dei, illic Ecclesia et omnis gratia) Der Geist aber ist die Wahrheit. (Spiritus autem veritas). Daher werden diejenigen, welche an ihm (an dem Geiste, der die Wahrheit ist) nicht Theil haben, weder von den Brüsten der Mutter ernährt zum Leben, noch schöpfen sie aus der reinsten Quelle, welche von dem Leibe Christi ausgeht, sondern sie graben sich seichte Cisternen und trinken vom Morast faules

Waſſer, indem ſie den Glauben der Kirche fliehen, — um nicht verführt zu werden, den Geiſt aber zurückweiſen, ſo daß ſie nicht belehrt werden."

Wer alſo nicht zum Geiſte der Wahrheit ſteht, der ſteht auch nicht zur Kirche und iſt all' ihrer Güter verluſtig. —

§ 5.
Einige allgemeine Bemerkungen.

Unter Kirchen-Einheit verſteht die vaticaniſche Curie im Princip nur die Verfaſſungs-Einheit gemäß der Form einer ſchlechthin abſoluten Monarchie, in welcher Einer Alles iſt und Alle ohne dieſen Einen nichts ſind; in der äußeren Erſcheinung der Dogmen, des Ritus und der Disciplin fordert ſie dann auf Grund des Princips die Einerleiheit. Dieſe Vorſtellung von der Einheit der chriſtlichen Kirche iſt, wie der Bibel, ſo auch den apoſtoliſchen Vätern und den Apologeten des zweiten Jahrhunderts völlig fremd.

Jrenaeus benutzt die Verfaſſung, um die Sicherheit des hiſtoriſchen Nachweiſes der chriſtlichen Lehre darzuthun, deren Uebereinſtimmung in allen Kirchen, durch die Continuität der Reihe der Biſchöfe verbürgt, auf ihre Urſprünglichkeit oder Apoſtolicität zurückweiſe. Er nimmt die Gleichheit und Jdentität der Verfaſſung aller Einzelkirchen an, kennt aber keine Geſammtverfaſſung mit monarchiſcher Spitze, und noch viel weniger iſt ihm eine ſolche Spitze das Princip der Kirchen-Einheit. Die berühmte Stelle III, 3, 2 handelt, ganz abgeſehen von den verſchiedenen Erklärungen, die ſie zuläßt und erfährt, von der römiſchen Gemeinde, nicht von Prärogativen ihres Biſchofs.

Wie ſehr nun auch ſeit dem dritten Jahrhundert die Ausbildung der Verfaſſung eine centraliſirende Richtung nahm und eine juriſtiſche Einheit anbahnte, zuerſt in der Einzelkirche, dann im Metropolitanverbande nach verſchiedenen Abſtufungen, bis gegen Ende des ſechſten Jahrhunderts die Patriarchalverfaſſung vollendet war, und in Constantinopel wie in Rom die absolutistisch-monarchische Tendenz theils lähmend theils trenuend wirksam wurde, so blieb doch in der ganzen Periode der Väter die biblische Lehre von dem Princip und Wesen der Einheit der Kirche klar und lebendig.

Wo die Verfassung bei der Einheitsfrage in Betracht gezogen wurde, da erschien sie entweder als ein einzelnes Moment der Einheit durch ihre Identität in allen Einzelkirchen, oder sie kam als Mittel, die Einheit zu constatiren, in Betracht; Niemand aber dachte je daran, in ihr, oder gar in einer verfassungsmäßigen Amtsperson das Centrum, Fundament und Princip der Einheit zu sehen.

Bevor wir eine kurze Rundfrage bei den bedeutendsten Vätern vornehmen, mögen hier noch ein paar allgemeine Beobachtungen Platz finden. H. Ziegler („Irenaeus, der Bischof von Lyon, Berlin, G. Reimer. 1871.") betont mit Recht einen Fortschritt in der Entwicklung der Episcopalverfassung bei Irenaeus. Wenn er aber sagt, Irenaeus spreche „von den Bischöfen als den Vertretern der ganzen Kirche" (S. 143), so kann dies wenigstens leicht dahin mißverstanden werden, als ob dieser Kirchenschriftsteller bereits die Idee eines ökumenischen Concils, das sich nur aus den Bischöfen zusammenzusetzen brauche, um die legitime Repräsentation der Universalkirche darzustellen, gehabt habe. Der Gedanke an eine collegialische Vertretung der Gesammtkirche durch die Bischöfe liegt dem Bischof von Lyon fern. Die Continuität der Reihenfolge der Bischöfe verbürgt ihm nur in jeder Einzelkirche die Erhaltung der Tradition. Es ist dem Sprachgebrauche des Irenaeus eigenthümlich, daß er die Universalkirche in der Regel ohne das zusammenfassende Prädicat bezeichnet und einfach ἡ ἐκκλησία, die Kirche, sagt, indem er mehr die ideale Einheit aller Kirchen in's Auge faßt. Darum fehlt auch bei ihm ganz und gar das Prädicat „katholisch"; und es ist daher die Behauptung Ziegler's, Irenaeus sei der erste Kirchenlehrer, welcher „die Prädicate der Allgemeinheit und Katholicität wie der alleinseligmachenden Kraft, die dem

Christenthum seit der Ueberwindung des Judenchristenthums von seinen Bekennern allgemein zugestanden wurden, von dem Begriffe des Reiches Gottes auf das Institut der äußerlich abgeschlossenen Kirche klar und entschieden übertrage" (S. 284), nicht zutreffend. Ferner ist in Bezug auf die Worte τὸ ἀρχαῖον τῆς ἐκκλησίας σύστημα κατὰ παντὸς τοῦ κόσμου in der bedeutungsvollen Stelle IV, 33, 8 die von Ziegler als richtig angenommene Auslegung Rothe's, welcher gemäß hiermit die apostolische Kirchenverfassung „als ein die ganze Welt umfassendes Kirchensystem beschrieben werde" (S. 143—144), näher zu bestimmen, wenn sie den Gedanken des Jrenaeus genau wiedergeben soll. Die Sache ist nämlich nicht so zu denken, als lehre Jrenaeus ein **allgemeines Verfassungs-System**, in welchem jede Einzelkirche mit ihrer zu dem Ganzen stimmenden Sonderverfassung nur einen **Verfassungstheil** bilde, indem das System alle Kirchen um einen centralen Einheitspunkt miteinander verbinde; vielmehr bezeichnet σύστημα nur die für jede Einzelkirche **typische** Verfassungsform, so daß das **Einheitliche in der Identität** der bei jeder Einzelkirche sich verwirklichenden und stets wiederkehrenden Form liegt. In jeder bischöflichen Kirche zeigt sich dieselbe Gestalt der rechtlichen Ordnung: eadem figura eius quae est erga ecclesiam ordinationis (V, 20, 1.). —

Eine andere Beobachtung allgemeiner Art ist die folgende. Es wurde in dieser Schrift bereits hervorgehoben, daß die Periode der Väter für einen einzelnen **Repräsentanten** der Kircheneinheit **keinen Amtstitel** hervorgebracht hat. Der Bischof von Rom führte keinen Titel, den nicht auch andere Bischöfe gehabt hätten; in Bezug auf die Universalkirche hatte er keinen Titel, also auch kein Amt. Bekannt ist, wie Gregor I. mit flammendem Zorn den Versuch des Patriarchen von Constantinopel, einen solchen Titel zu schaffen und zur Geltung zu bringen („Oekumenischer Bischof", „Universal-Papst"), auch in der Anwendung auf den Bischof von Rom zurückwies.

Der technische Ausdruck „**Haupt der Kirche**", caput Ecclesiae, ἡ κεφαλή, war von Anfang an vorhanden. Christus bezeichnete sich selbst als κεφαλὴ γωνίας (Matthäus XXI, 42.). Paulus verkündet Christus als „das Haupt des Mannes" (1 Cor. 11, 3), dann aber auch als das Haupt (ἡ κεφαλή) der Gläubigen, welche Wahrheit übend in Liebe in aller Beziehung zu Ihm emporwachsen (Eph. 4, 15.), und ausdrücklich nennt er Ihn „Haupt der Kirche" (κεφαλὴ τῆς ἐκκλησίας, Eph. 5, 23.) und „das Haupt des Leibes der Kirche" (ἡ κεφαλὴ τοῦ σώματος τῆς ἐκκλησίας, Col. 1, 18.). Wäre nun ein Apostel oder Bischof als „Statthalter Christi" an seine Stelle getreten, so hätte man in ganz natürlicher Consequenz den technischen Ausdruck auf ihn übertragen. Aber die ganze Periode der Väter weiß nichts davon. Hundertmal begegnen wir dem Ausdruck „Haupt der Kirche", doch immer ist Christus gemeint und niemals der Bischof von Rom. Es mußte die ganze Geschichte der alten Kirche erst vergessen werden, eh' die Vertauschung möglich wurde; aber auch da blieb eine Erinnerung an das wahre Haupt der Kirche, und so erfand man den Ausdruck „sichtbares Oberhaupt", und fügte man zu dem Worte „Haupt" das Prädicat „unsichtbar" hinzu, wenn man damit Christus meinte, der fortan jedoch weniger in Betracht gezogen wurde. Die Erfindung, daß ein Bischof das Haupt der Kirche sei, gestaltete sich gleich zu einer Doppelerfindung, indem man ein unsichtbares und ein sichtbares Haupt aufstellte. Das mußte eine langsame Entwicklung sein, da aus dem unsichtbaren Haupte so viele Jahrhunderte lang ein sichtbares Haupt sich nicht entwickeln wollte! Die alte Kirche hätte bei der Nennung eines „sichtbaren Oberhauptes" verwundert gefragt, was das für ein Wesen sei? —

Noch eine Beobachtung möge hier Platz finden. Das Verhältniß der Einzelkirchen im christlichen Alterthum war kein juristisches Band. Bischöfe „von des apostolischen Stuhles Gnade", welche durch eine beträgliche Geldsumme die römische Präconisation erlangt, wären in's Irrenhaus gewiesen worden. Nach der technischen Sprache hielten die Einzelkirchen „Frieden" miteinander. Nicht durch Gehorsam aller gegen eine Kirche oder gar aller Bischöfe gegen Einen wurde die segenbringende Einheit gewahrt, sondern dadurch, daß alle Kirchen nach dem später zum präcisen Ausdruck gelangenden Grundsatz: "In omnibus caritas", einander "den Frieden" hielten. Da Einzelne von fanatischem Geiste ergriffen wegen unwesentlicher Dinge dieser oder jener Kirche die Gemeinschaft kündigten, was man später Excommunication nannte, so gab der christliche Geist die Losung aus: "Haltet den Frieden!" Der heutige Begriff der Excommunication, wonach der Bischof von Rom nicht blos aus der in staatlich-monarchischer Form aufgebauten Universalkirche sondern überhaupt aus dem Reiche Gottes, diesem Reiche des Geistes, für diesseits und jenseits ausschließen und dem Richterspruch Gottes zuvorkommend der ewigen Verdammniß überweisen zu können glaubt, ist dem christlichen Alterthum fremd. Es wurden Einzelne aus der Einzelkirche ausgeschlossen; ob andere Gemeinden deshalb die Aufnahme den Ausgeschlossenen verweigern müßten, darüber fing man allmälig an zu streiten. Wir erinnern nur an das Beispiel des "Origenes", der ausgeschlossen aus der Kirche zu Alexandrien in mehreren andern Kirchen Aufnahme fand. Das Rechtssubject war die Gemeinde; ein Bischof konnte ohne deren Zustimmung Niemanden ausschließen; und so war auch rechtlich eine Excommunication aus der Universalkirche nur möglich und denkbar unter Zustimmung der gesammten Kirche. Und auch dann noch lehrte man bis in's Mittelalter hinein, die Rechtsgültigkeit vor Gott hange ab von der Wahrheit und Gerechtigkeit des Spruches, eine ungerechte Excommunication sei für den Betroffenen vor Gott völlig wirkungslos.

Die Aufhebung der Kirchengemeinschaft aber zwischen ganzen Gemeinden oder Einzelkirchen wurde, wenn sie einseitig geschah, als Friedensbruch angesehen. Das galt auch von der römischen Kirche. Daß diese das Recht habe, andere Kirchen aus der Universalkirche auszuschließen, auch nur zu denken, fiel Niemandem ein. Die Drohung Seitens des römischen Bischofs

Victor, wegen den Osterstreitigkeiten die Kirchengemeinschaft mit den Kirchen Kleinasiens aufzuheben, wurde daher nicht anders als die widerwärtige Drohung des **Friedensbruches** angesehen. Vaticaner freilich, welche historisch zu denken nicht vermögen, stellen sich auf ihrem Standpunkte vor, „der heiligste Vater Victor habe die ungehorsamen Kleinasiaten aus der Fülle der Gewalt mit dem Bannstrahl der ewigen Verdammniß treffen wollen", und Irenaeus habe nur sein Erbarmen mit jenen angerufen. Aber gerade das Schreiben des Irenaeus an Victor enthält auf das Unzweideutigste die damalige gesunde Anschauung. Nachdem er die Streitpunkte genau bestimmt und bemerkt hat, daß die Verschiedenheiten unter den Vorvätern durch Einfalt und Unkenntniß auf der einen Seite entstanden und überliefert worden seien, fährt er fort: „Nichts bestoweniger haben alle diese den **Frieden** (untereinander) **gehalten**, und halten auch wir den Frieden mit einander", nämlich die Lyoner Kirche mit der kleinasiatischen. Schon hieraus folgt, daß Irenaeus, wenn Victor die Kirchengemeinschaft mit den Kleinasiaten nicht hätte fortsetzen wollen, seinerseits den Frieden und die Communion unterhalten haben würde. Aber er fährt fort: „Auch haben die Presbyter (Bischöfe) vor Soter, welche der Kirche (d. i. der römischen Gemeinde) vorstanden, welche du nun leitest, nämlich Anicetus und Pius, Hyginus, Telesphorus und Xystus, weder selbst (die Gewohnheit der Kleinasiaten) beobachtet noch ihren Mitgenossen die Beobachtung anheimgestellt; nichtsdestoweniger haben sie, die selbst Nichtbeobachtende waren, mit denen, welche aus den die Gewohnheit beobachtenden Gemeinden zu ihnen kamen, den Frieden gehalten, obgleich den Nichtbeobachtenden die Beobachtung mehr Widerstreben verursachen mußte", als umgekehrt. „Niemals ist wegen dieser Form Jemand zurückgewiesen worden". Das heißt also: wenn Kleinasiaten während der Fasten- und Osterzeit in Rom waren, dann behielten sie sowohl ihre Eigenthümlichkeit beim Fasten bei als auch die Zeit des Osterfestes (den 14. Nisan), was einen für die römische Gemeinde sehr verletzenden Mißklang hervorrief. Dennoch hielten sie den Frieden miteinander und die Fremden mit fremdartigem Brauch empfingen von den römischen Bischöfen das Abendmahl. „Es haben die nichtbeobachtenden Presbyter, welche Deine Vorgänger waren, denen, die beobachtenden Gemeinden angehörten, die Eucharistie zugesandt." Dann erzählt er, wie Polycarp zu Anicet's Zeiten in Rom gewesen und beide auf Apostel für ihre Sitte sich berufend einen Ausgleich nicht gefunden, und schließt: „Und doch hielten sie trotz dieser Sachlage die Kirchengemeinschaft mit einander; und in der Versammlung der Gemeinde räumte Anicet dem Polycarp, offenbar um ihn zu ehren, die Vollziehung der Eucharistie ein, und so schieden sie mit Frieden voneinander, indem sie Frieden hatten mit der ganzen Kirche, sowohl mit denen, welche (die Gewohnheit der Kleinasiaten) beobachteten, als mit denen, die (sie) nicht beobachteten". (Der Brief ist nur als Fragment durch Eusebius h. e. V, 24. auf uns gekommen).

In diesem Briefe erscheint Victor als der Presbyter oder Bischof der Gemeinde zu Rom; von einem Vorsteheramt gegenüber den Kleinasiatischen Gemeinden ist gar keine Rede. Es handelt sich nicht um Verhängung von Strafen oder Censuren durch einen Vorgesetzten gegen Untergebene, sondern darum, ob Victor wie seine Vorgänger mit den Kirchen, die eine andere Gewohnheit bezüglich der Fasten- und Osterfeier haben, Frieden halten und so im Frieden mit der ganzen Kirche bleiben will, oder nicht. Hätte er den Kleinasiaten den Frieden gebrochen, so wäre sein Friede mit der ganzen Kirche sofort gefährdet gewesen. Das sah er zur rechten Zeit ein. —

Das Resultat dieser allgemeinen Bemerkungen und Erörterungen ist nun dieses: die Einzelkirche hatte eine von der apostolischen Zeit her feststehende und sich überall gleiche Verfassung und darin auch eine juristische Einheit; aber die Einheit der Universalkirche wurde nicht durch ein juristisches Band gehalten, sondern durch ein moralisches, indem die Kirchen einander den Frieden hielten und nicht um unwesentlicher Dinge willen einander die Communion verweigerten. In dieser

Friedensgemeinschaft, die durch das Abendmahl besiegelt wurde, wußten Alle sich Eins unter dem Haupte Jesus Christus.

Das war die Anschauung, welche die ganze Periode der Väter beherrschte, und sie darf daher bei der Auffassung ihrer Worte über die Einheit der Kirche nie außer Acht gelassen werden. Doch halten wir jetzt eine kurze Rundfrage.

§ 6.
Fortwirkung der biblischen Idee in der Periode der Väter.

In voller Reinheit und Kraft erscheint die biblische Idee von der Einheit der Kirche bei Clemens, dem alexandrinischen Presbyter, der den Geist einer großen Schule repräsentirt. Die Kirche ist ihm ein lebendiger Organismus, dessen Gliederung sichtbar ist, der aber nichts hat von der Aeußerlichkeit einer bloßen Rechts-Institution. Sie ist ein wahres Reich des Geistes. „Wie Gottes Wille ein Werk ist und dieses Kosmos genannt wird, so ist auch sein Wollen der Menschen (verwirklichtes) Heil, und dieses heißt Kirche" (ὡς γὰρ τὸ θέλημα αὐτοῦ (θεοῦ) ἔργον ἐστὶ, καὶ τοῦτο Κόσμος ὀνομάζεται, οὕτως καὶ τὸ βούλημα αὐτοῦ ἀνθρώπων ἐστὶ σωτηρία, καὶ τοῦτο Ἐκκλησία κέκληται. Paed. 1 p. 114 Potter.). Die Kirche ist also eine unmittelbare Gottesthat auf Erden, eine Schöpfung des göttlichen Willens, der sie deshalb auch ganz durchherrscht, wo sie wahrhaft wirklich wird. Sie ist aber das Heil in den Menschen; die erlösten Menschen sind die Kirche. Sie besteht aus Schaaren von guten Kindern Gottes. (Coh. p. 69. Potter). Indem Clemens von Gott und seinem Heiligthum redet, von der Kirche, die der Herr nach eigenem Willensentschluß zu einem Tempel der Ehre sich erbaut, sagt er: „Ich nenne nämlich jetzt nicht den Ort sondern die Versammlung der Auserwählten Kirche" (οὐ γὰρ νῦν τὸν τόπον, ἀλλὰ τὸ ἄθροισμα τῶν ἐκλεκτῶν Ἐκκλησίαν καλῶ. Strom. 7 p. 846 Potter.). In diesem lebendigen Tempel nimmt Gott mit der ganzen Größe seiner Majestät Wohnung, um ihn der Fülle der Heiligkeit theilhaft zu machen. (Ibib.). Die Kirche hat nun freilich auch eine äußerlich sichtbare Organisation. Strom. 7 p. 830 Potter werden die Presbyter, unter welchen auch bei Clemens, wie eben an dieser Stelle, die Bischöfe mitbegriffen sein können, als die Vorsteher (durch einen Vergleich mit Magistratspersonen und Fürsten) in der Kirche angeführt und die Diaconen als die Dienstleistenden. Bischöfen, Presbytern und Diaconen begegnen wir Strom. 6 p. 793 P. Aber gerade diese Stelle enthält keine Andeutung davon, daß etwa eine juristische Institution Trägerin des Lichtes und der Liebe oder des Heils sei. Clemens setzt auseinander, daß der Apostelrang nicht von der früheren Wahl abhange; Matthias sei nach dem Hingang des Herrn Apostel geworden, und so könnten auch jetzt noch (zu seiner Zeit und also auch zu jeder Zeit) diejenigen, welche in den Geboten des Herrn sich geübt und vollkommen in Erkenntniß dem Evangelium gemäß gelebt, der auserlesenen Zahl der Apostel zugeschrieben werden. Dann fährt er fort: „Wenn Einer thut und lehrt, was des Herrn ist, so ist dieser in der That Presbyter der Kirche und wahrer Diacon (Diener) des Willens Gottes; nicht weil ihm von Menschen die Hände aufgelegt sind, und nicht weil er Presbyter ist, soll er als gerecht erachtet, sondern weil er gerecht ist, dem Presbyterium zugezählt werden. (οὗτος πρεσβύτερός ἐστι τῷ ὄντι τῆς ἐκκλησίας καὶ διάκονος ἀληθὴς τοῦ θεοῦ βουλήσεως, ἐὰν ποιῇ καὶ διδάσκῃ τὰ τοῦ Κυρίου· οὐχ ὑπ᾽ ἀνθρώπων χειροτονούμενος, οὐδ᾽ ὅτι πρεσβύτερος, δίκαιος νομιζόμενος, ἀλλ᾽ ὅτι δίκαιος, ἐν πρεσβυτερίῳ καταλεγόμενος.). Und mag ein solcher auch hier auf Erden nicht mit der ersten Cathedra geehrt sein, so wird er doch auch auf den 24 Thronen mitsitzen das Volk richtend, wie Johannes in der Offenbarung sagt. Denn in der That giebt es nur Einen heilbringenden Bund, von der Grundlegung der Welt bis auf uns reichend, durch die verschiedenen Generationen und Zeiten hin, verschieden nur erachtet hinsichtlich der Verleihung. Folgerecht kann es ja von dem Einen Gott durch den Einen Herrn (an sich) auch nur Eine unwandelbare Verleihung des Heils geben, die aber auf vielfache Art die Gnade spendet". (Durch Letzteres entsteht der Schein der Verschiedenheit des Bundes). Deßhalb wird die den Hellenen von dem Juden trennende Scheidewand hinweggehoben, um beide zu einem auserlesenen Volke zu machen. Und so kommen beide zusammen zur Einheit des Glaubens, und aus beiden entsteht die Eine Gemeinschaft der Auserwählten. Und unter den Auserwählten, heißt es, sind Auserwähltere, die gemäß der vollkommenen Erkenntniß (hervorragen) und von der Kirche selbst wie Blüthen (ihres Lebens) auserlesen und mit der erhabensten Ehre geschmückt sind, welche die 24 Richter und Verwalter sind, in gleicher Weise aus den Juden und aus den Heiden, indem die Gnade sich verdoppelt. Denn es giebt auch hier in der Kirche Grade des Emporsteigens, die der Bischöfe nämlich, der Presbyter und der Diaconen (ἐπεὶ καὶ αἱ ἐνταῦθα κατὰ τὴν Ἐκκλησίαν προκοπαὶ ἐπισκόπων, πρεσβυτέρων, διακόνων etc.), — Nachbildungen, glaube ich, der Herrlichkeit der Engel; und sie werden theilhaft jener Heilsordnung, von welcher die Schrift sagt, daß sie diejenigen erwarte, welche den Fußstapfen der Apostel folgend in vollkommener Gerechtigkeit gemäß dem Evangelium gelebt haben. Von ihnen schreibt der Apostel, daß sie, in die Wolken erhoben, zuerst Diaconendienst thun, dann dem Presbyterium eingeordnet werden nach dem Fortschritt der Verherrlichung (denn die eine Herrlichkeit unterscheidet sich von der andern), bis sie zum vollkommenen Mann emporwachsen." Dieser ganzen Entwicklung liegt nichts ferner, als der Gedanke, daß durch die Hierarchie der Geist erst in die Gemeinde komme, sondern die Bischöfe, Presbyter und Diaconen sollen Blüthen dieses Geistes sein und als solche von der Gemeinde erkannt, anerkannt und zu ihren Rangordnungen ausgesondert sein. Weder die Gnosis, das vollere und tiefere Verständniß des Evangeliums, noch die Gerechtigkeit gewinnt Einer durch die Wahl zu der dreifachen Ehre und durch die Handauflegung; sondern weil Einer, den Fußstapfen der Apostel folgend, tiefere Erkenntniß und höhere Gerechtigkeit mit Hülfe der Gnade Gottes errungen hat, soll er ausgewählt und durch die Handauflegung der ihm zukommenden Ehrenstufe zugezählt werden. Wer die höchste Heilswissenschaft (die Gnosis), den Glauben (die Pistis) und die Liebe (die Agape) in sich vereinigt (ἑνώσας), der ist der wahrhaft Geistige, nach dem Urbilde des Herrn kunstreich Nachgebildete, den der Herr Bruder, Freund und Sohn nennt. (Strom. 3 p. 542 P.). Dies wird aber erreicht durch das Verhältniß des Gläubigen zu Christus; denn „die Kirche wird vom Logos regiert; sie ist der Staat auf Erden, welcher (als Reich des Geistes), weder erobert noch der Tyrannis (der Gewaltherrschaft eines Despoten) unterworfen werden kann, da sie der göttliche Wille auf Erden wie im Himmel ist." (ἡ Ἐκκλησία ὑπὸ Λόγου [διοικουμένη], ἀπολιόρκητος ἀτυράννητος πόλις ἐπὶ γῆς, — θέλημα θεῖον ἐπὶ γῆς ὡς ἐν οὐρανῷ. Strom. 4 p. 642 P. Vgl. p. 593.). Durch dieses innere Verhältniß des Logos (d. i. Christi als des Gottessohnes) zur Kirche wird sie, nämlich das ganze erlöste Volk, zu einer Cither vor Gott, vom Geiste des Logos gespielt zum harmonischen Gotteslob (Strom. 6 p. 784. P.). Auch wenn die Kirche als Braut des Herrn gepriesen wird, handelt es sich um das innere Verhältniß Christi zu derselben; die Keuschheit der Braut offenbart sich nämlich in ihrer inneren Treue gegen die Wahrheit und in ihrem Fernhalten von der Häresie, d. h. bei Clemens von jeder Kirche, die nicht Gott in Christo zum Princip und Mittelpunkt hat. (Strom. 3 p. 547 P.). „Wir sind Glieder Christi" (οἵ ἐσμὲν μέλη Χριστοῦ); die Vollkommenheit der Kirche wird dadurch bewirkt, daß Christus ihr „königliches Haupt" ist (Paed. 1. p. 111. P.).

Nach dieser Darlegung der Anschauungen des berühmten Vorstehers der alexandrinischen Schule und Presbyters dieser hervorragenden Kirche, welche allmälig zu einem der größten Patriarchate heranwachsen sollte, ist es klar, daß im Anfange des dritten Jahrhunderts in dieser Kirche nicht nur kein Raum sondern auch nicht der geringste äußere Anknüpfungspunkt für die heutige vaticanische Lehre von dem angeblichen Einheitsprincip der

Universalkirche in dem römischen Bischofe zu entdecken ist. Doch wollen wir noch zwei Stellen hervorheben, in welchen Christus als lebendiges Einheitsprincip der Kirche gepriesen wird. Die eine, im Pädagog (1 p. 123 P.) befindliche, ist in sehr poetische Form gekleidet, die aber den Grundgedanken nicht verhüllt. Sie beginnt: „Geheimnißvolles Wunder! **Einer ist des Weltalls Vater, Einer auch des Weltalls Logos und der h. Geist ist Einer und derselbe überall. Eine und einzig ist Mutter Jungfrau: mir gefällt's, sie Kirche zu nennen.**" Es wird dann unter Bildern Christus als der einzige Lebensquell der Kirche dargestellt. Sie „nährt ihre Kinder mit dem Kind gewordenen Logos, — mit dem Leibe Christi". Direct von der Einheit der Kirche aber handelt Strom. 7. p. 899 ff. P. Nachdem er auf die Nothwendigkeit, einer christlichen Kirche, die auf Wahrheit Anspruch erheben wolle, die Echtheit des Ursprungs in der Apostolizität zu vindiciren, hingewiesen, fährt er fort: „Aus dem Gesagten ist es, glaube ich, offenbar geworden, daß die wahre Kirche **nur Eine** sei, nämlich die **faktisch ursprüngliche**, zu welcher die nach ihrer inneren Gesinnung Gerechten gehören. Denn da nur Ein Gott ist und Ein Herr, — aus diesem Grunde wird auch das schlechthin Ehrwürdige als Abbild des Einen Urgrundes nach der Idee seiner Einzigkeit geschätzt. **An der Natur des Einen nimmt daher auch die Eine Kirche Theil**, welche in viele zu zerreißen Häresien gewaltsam streben. Wir sagen also, daß die **ursprüngliche und katholische Kirche dem Wesen, der Idee, dem Ursprunge und der Würde nach nur Eine** (d. h. in sich selbst einzige) sei, welche die bereits Verzeichneten, die Gott vorherbestimmt, indem Er sie vor Grundlegung der Welt als solche, die gerecht sein würden, vorhergesehen hat, zusammenführt zur Einheit des Einen Glaubens, des Einen in den Gnadenbündnissen oder vielmehr in dem Einen Bunde zu verschiedenen Zeiten, gemäß dem Rathschluß des Einen Gottes durch den Einen Herrn. Fürwahr auch die Würde der Kirche ist wie das Princip ihrer Zusammenfügung gemäß der Idee der Einheit, Alles überragend und nichts ihr Aehnliches oder Gleiches habend." (ἐκ τῶν εἰρημένων ἄρα φανερὸν οἶμαι γεγενῆσθαι, μίαν εἶναι τὴν ἀληθῆ Εκκλησίαν, τὴν τῷ ὄντι ἀρχαίαν, εἰς ἣν οἱ κατὰ πρόθεσιν δίκαιοι ἐγκαταλέγονταί· ἑνὸς γὰρ ὄντος τοῦ θεοῦ, καὶ ἑνὸς τοῦ Κυρίου, διὰ τοῦτο καὶ τὸ ἄκρως τίμιον κατὰ τὴν μόνωσιν ἐπαινεῖται, μίμημα ὂν ἀρχῆς τῆς μιᾶς. Τῇ γοῦν τοῦ ἑνὸς φύσει συγκληροῦται Εκκλησία ἡ μία, ἣν εἰς πολλὰς κατατέμνειν βιάζονται αἱρέσεις. κατά τε οὖν ὑπόστασιν, κατά τε ἐπίνοιαν, κατά τε ἀρχὴν, κατά τε ἐξοχὴν μόνην εἶναι φαμὲν τὴν ἀρχαίαν καὶ καθολικὴν Εκκλησίαν, εἰς ἑνότητα πίστεως μιᾶς τῆς κατὰ τὰς οἰκείας διαθήκας, μᾶλλον δὲ κατὰ τὴν διαθήκην τὴν μίαν διαφόροις τοῖς χρόνοις, ἑνὸς τοῦ θεοῦ τῷ βουλήματι, δι' ἑνὸς τοῦ Κυρίου συνάγουσαν τοὺς ἤδη κατατεταγμένους, οὓς προώρισεν ὁ θεὸς, δικαίους ἐσομένους πρὸ καταβολῆς κόσμου ἐγνωκώς. ἀλλὰ καὶ ἡ ἐξοχὴ τῆς Εκκλησίας, καθάπερ ἡ ἀρχὴ τῆς συστάσεως, κατὰ τὴν μονάδα ἐστὶν, πάντα τὰ ἄλλα ὑπερβάλλουσα, καὶ μηδὲν ἔχουσα ὅμοιον ἢ ἴσον ἑαυτῇ.) Diese ganze Stelle ist zu merkwürdig und bedeutungsvoll, als daß wir es uns hätten versagen können, dieselbe vollständig im griechischen Texte hieherzusetzen. Alle Gesichtspunkte, welche bezüglich der Einheit im Bewußtsein der Kirche vorhanden waren und von der Wissenschaft begründet werden konnten, sind in Betracht gezogen: Idee, Princip, Wesen, Würde (innere Vorzüglichkeit); und in allen diesen Beziehungen ist es immer nur der Eine Gott und der Eine Herr, der die Einheit vorbildet, bewirkt, repräsentirt und erhält und ihr den Werth und Vorzug giebt. Die ewige Wahrheit, welche der in ihr waltende Logos darstellt, und der Wille Gottes, welcher in ihr wie im Himmel sich vollzieht, sind ihre Existenzbedingungen. Ein Mensch, ein Bischof von Rom, der hätte das Princip und Centrum der Einheit und zugleich das Haupt der katholischen Kirche sein wollen, wäre dem Alexandrinischen Clemens wohl als ein Wahnsinniger erschienen. —

Um die Mitte des dritten Jahrhunderts trug sein berühmter Schüler Origenes dieselben Lehren vor. Es muß hier auf eine ausführliche Darstellung verzichtet werden, aber es genügt auch, auf die Stelle Contr. Cels. 6, 48 hinzuweisen, die den Kern seiner Lehre von der Einheit enthält. „Gemäß dem Zusammenhange der christlichen Dogmen ist nach dem Zeugnisse der göttlichen Schriften die Universalkirche Gottes **der Leib Christi, der von dem Sohne Gottes beseelt ist. Die Glieder dieses Leibes aber, als eines Ganzen, sind die Gläubigen.** Denn gleichwie die Seele den Leib belebt und bewegt, der seiner Natur nach nicht fähig ist, aus sich selbst sich lebendig zu bewegen, so bewegt auch der Logos, indem Er für das zu Geschehende den ganzen Leib (die Kirche) in Bewegung und Thätigkeit versetzt, auch die einzelnen Glieder an der Kirche, die ohne Einwirkung des Logos nichts thun". Schärfer kann die unmittelbare organische Vereinigung aller Gläubigen mit Christus als dem Einheitsprincip kaum ausgedrückt werden.

Wir haben hier aber die maßgebende Lehre für die Anschauung der Kirchen von **Aegypten, Libyen** und der **Pentapolis**, deren Abhängigkeit von der Kirche zu Alexandrien der 6. nicänische Canon im Jahre 325 auf einem „alten Gewohnheitsrecht" begründet sein läßt. —

Sehen wir hinüber nach Asien, so ist es weder im dritten noch im vierten Jahrhundert möglich, irgend einen Anhalt zu entdecken für die Lehre, daß der Bischof von Rom das Princip der Kircheneinheit sei. Bekannt ist das Auftreten Firmilian's, des angesehenen Bischofs von Cäsarea in Kappadocien um die Mitte des III. Jahrhunderts, als der römische Bischof Stephan der afrikanischen Kirche wegen des Streites um die Ketzertaufe den Frieden gekündigt hatte. Er wirft (Ep. 75 bei Cyprian) dem Bischofe von Rom Verwegenheit vor und unerträgliche Anmaßung. Zu Rom bewahre man das ursprünglich Ueberlieferte nicht in allen Stücken rein; das zeigten auch vorhandene Verschiedenheiten mit der Kirche zu Jerusalem. Verschiedenheiten gebe es übrigens in vielen Provinzen, und Niemand breche deshalb „den Frieden", wie Stephan dem Cyprian gegenüber gethan, während zwischen ihren Vorfahren immer Kirchengemeinschaft gehalten worden sei. Jener infamire Petrus und Paulus, indem er diese für seine Praxis verantwortlich mache. Da der römische Bischof den Cyprian einen „Pseudochristen", „Pseudoapostel" und „dolosen Arbeiter" genannt hatte, so erklärt Firmilian, diese Prädicate verdiene vielmehr Stephan. Daß hiermit jede Vorstellung eines Abhängigkeitsverhältnisses der afrikanischen oder asiatischen Kirchen von dem Bischofe von Rom unverträglich ist, liegt wohl auf der Hand. Firmilian kennt zwischen den verschiedenen Kirchenprovinzen kein juristisches Einheitsband sondern das des „Friedens." Nicht Unterwürfigkeit miteinander sondern Frieden miteinander sollten sie haben. Hätte Firmilian den heutigen vaticanischen Einheitsbegriff gehabt, so würde er den h. Cyprian bringend aufgefordert haben, sich dem Papste von Rom zu unterwerfen, nun aber verlangt er von diesem, daß er den Frieden halte. — Andererseits preist Firmilian die Einheit, welche die göttliche Kraft hervorbringe durch das Band der Liebe und derselben Regel der Wahrheit. Sie überwinde Raum und Zeit, verbinde die Fernen und die Nahen, wie die Frommen der Vergangenheit, Gegenwart und Zukunft. Die Propheten des Alten Bundes, obgleich durch lange Zeiträume von uns getrennt, dachten und empfanden vermöge der göttlichen Inspiration dasselbe mit uns. So sind auch wir, sagt er dem h. Cyprian, trotz der räumlichen Entfernung Eins in der Gesinnung und im Geiste. „Denn da der Herr, der in uns wohnt, Einer und derselbe ist, so verbindet und vereinigt er die Seinigen überall durch das Band der Einheit". —

Gegen Ende des III. Jahrhunderts vernehmen wir von dem feingebildeten Bischof Methodius in Lycien tiefsinnige Worte über die Kirche und ihr lebendiges Einheitsprincip, die an die alexandrinische Schule erinnern, obgleich er ein Gegner des Origenes war. In seinem Symposion decem virginum erscheinen die Christen in solcher Einheit mit dem Logos, daß seine Gestalt in ihnen zur Aehnlichkeit ausgeprägt und durch die genau entsprechende Gnosis und den Glauben ihnen eingezeugt und so in Jedem von ihnen Christus ideell geboren wird. Aus dem mit dem Logos geeinigten zweiten Adam entwickelt sich das Menschengeschlecht von Neuem, durch Neugeburt in Gottähnlichkeit. Die Kirche ist also das dem Logos entstammende göttliche Geschlecht. „Sie ist Gottes Garten in ewiger Frühlingspracht, leuchtend in dem reichsten Schmucke unsterblich machender Früchte und Blumen, welche die Gläubigen um die Stirne der königlichen Braut, der Kirche, in Kränzen winden." Symp. 8, 8—11. Wenn er die Kirche als die ewig jugendschöne Braut des Logos von der Menge der Gläubigen in dichterischer Sprache unterscheidet, so abstrahirt er nicht etwa eine Rechts-Institution, sondern er nimmt die Gläubigen nur, insofern sie bereits die Prachtgewande Christi tragen, sein reines Bild und Ebenbild sind, — ein wahrhaft göttliches Gebilde. Sonst definirt er die Kirche als „die Versammlung und Schaar der Gläubigen" (ἄθροισμα καὶ στίφος τῶν πεπιστευκότων, 3, 8.). Auch in der höchsten Begeisterung und Poesie, womit er die Einheit der Kirche schmückt, zeigt sich nie eine Andeutung, daß der Bischof von Rom dazu gehöre. —

Während der h. Cyril von Jerusalem in seinen Katechesen die Auctorität der katholischen Kirche kennt und rühmt, weiß er nichts von einer Auctorität einer Particularkirche über alle andern. Man forsche in der Schule von Antiochien, frage die großen Kappadocier Basilius, Gregor von Nyssa und Gregor von Nacianz nach dem Princip der kirchlichen Einheit: Alle weisen nur auf Christus hin. Doch daß dem Oriente der Gedanke an ein Einheitsprincip der Universalkirche in Rom absolut fern lag, das beweist die Thatsache der ökumenischen Concilien.

In dem proconsularischen Africa, wo die Kirche im dritten und vierten Jahrhunderte sich so überaus reich entwickelte und die lateinische Literatur des christlichen Abendlandes schuf, treten uns die großen Gestalten entgegen: Tertullian, Cyprian, Augustinus. Was diese uns nicht sagen können, war überhaupt nicht im Bewußtsein der afrikanischen Kirche vorhanden.

Am Anfange des dritten Jahrhunderts steht Tertullian. Sein leitender Grundgedanke in der Erforschung dessen, was christlich sei, war auf seinem katholischen Standpunkte dieser: in Christo sei die Offenbarung abgeschlossen, und was Er geoffenbart, sei in sich Eins. Alles also, dessen Ursprung nach dem Hingange der Apostel nachweisbar, gehöre zu dem Einen nicht und sei nicht als christlich berechtigt. Unter diesen Gesichtspunkt stellt er nun auch die Einheit der Kirche. Nachdem er berichtet, daß der Herr bei seinem Hingange die Apostel ausgesandt, alle Völker zu lehren und zu taufen, fährt er fort: „Diese (die Apostel) predigten zuerst in Judäa; darauf zogen sie hinaus in die Welt und verkündeten dieselbe Lehre den Heiden und stifteten in jeder Stadt (wohin sie kamen) Kirchen, von welchen dann weiter die übrigen die Ableger des Glaubens und den Samen der Lehre genommen haben und noch täglich nehmen, damit auch sie Kirchen werden; und so haben auch diese die Eigenschaft apostolischer Kirchen, weil sie Sprößlinge der apostolischen (von den Aposteln gegründeten) Kirchen sind. Jedes Geschlecht muß ja nach seinem Ursprunge erfaßt und geschätzt werden. Daher, wie viele und wie große Kirchen es auch giebt, so ist es nur Eine, jene erste, von den Aposteln (gestiftete), von welcher alle abstammen. Sie sind also alle die erste und die apostolische, indem alle zumal die Einheit darthun, da sie die Gemeinschaft des Friedens, die Bruderbegrüßung und die Einmüthigkeit der Gastfreundschaft untereinander pflegen." Grund dieses Bundesverhältnisses sei „die Eine Ueberlieferung Eines und desselben Glaubensbekenntnisses." (De Praescr. c. 20.). Nicht eine neue Inspiratio sichert uns die christliche Wahrheit, sondern die Conspiratio mit den apostolischen Mutter- und Stammkirchen in der Bezeugung dessen, „was die Kirchen von den Aposteln empfangen haben, die Apostel von Christus und Christus von Gott." (Ibid. 21.). Also dadurch, daß derselbe Geist in jeder Kirche dieselbe Lehre bezeugt, besteht die Einheit aller Kirchen, und diese Einheit offenbart sich nicht durch die Unterwerfung der einen unter die Jurisdiction der anderen bis zur Unterwerfung aller unter eine, sondern dadurch, daß alle unter einander ein brüderliches Verhältniß pflegen und den Frieden einander halten. Nur in den Einzelkirchen betrachtet er als Mittel zur Bewahrung der apostolischen Hinterlage die Succession der Bischöfe, die zu seiner Zeit in den apostolischen Kirchen noch nachweisbar war. Aber unter den apostolischen Kirchen gab es für ihn keinen wesentlichen Unterschied. Für die Bewohner von Achaja war Corinth und für die Makedonier Philippi oder Thessalonich dasselbe, was für Italien und Nordafrica Rom war. (Jbib. 35.). Aus der Verwerfung eines Pontifex maximus und Episcopus episcoporum zu Rom (De Pudic. 1) den Schluß zu ziehen, es habe also Christus einen solchen dort einsetzen lassen, ist nur die römische Logik im Stande. —

Tertullian glaubte durch diese Benennungen, die ihm Zorn und Spott eingegeben hatten, den damaligen römischen Bischof dem Gelächter und der Verachtung der Christenheit preiszugeben, was ihm nicht hätte einfallen können, wenn diese dem Bischofe von Rom überhaupt jene Titel als Rechtstitel wirklich zuerkannt hätte. —

„Die Lehre des h. Cyprian von der Einheit der Kirche" hat der Verfasser in einer eigenen Schrift (Würzburg, Stahel'sche Buch- und Kunsthandlung. 1873.) eingehend behandelt, und darin nachgewiesen, daß dieser Metropolit mit mehr als achtzig Bischöfen die juristische Einheit nur in der Einzelkirche anerkannte, jeden Bischof aber als Gott allein, nicht einem anderen Bischof, verantwortlich betrachtete, und deshalb die Appellation nach Rom verwarf und von einem „Bischof der Bischöfe" nichts wissen wollte. Doch, es sollen wenigstens die Worte des im September 256 zu Carthago um Cyprian versammelten Concils von 85 Bischöfen mit ihren Presbytern und Diaconen, „unter Zustimmung einer überaus großen Schaar von Laien" gesprochen, auch hier stehen: „Es erübrigt nun, daß wir einzeln über die vorliegende Sache selbst unser Urtheil abgeben, Niemanden von den Andersdenkenden richtend oder von dem Rechte der Kirchengemeinschaft mit uns zurückweisend. Denn Keiner aus uns hat sich zum Bischof der Bischöfe eingesetzt, Keiner zwingt mit dem Terrorismus eines Tyrannen seinen Collegen zum unweigerlichen Gehorsam, da ja ein jeder Bischof vermöge seiner freien Wahl und Gewalt das Recht der eigenen Entscheidung hat und deßhalb ebensowenig von einem Andern gerichtet werden wie selbst einen Andern richten kann. Wir sollen vielmehr insgesammt das Gericht unseres Herrn Jesu Christi erwarten, der einzig und allein die Gewalt hat, uns zur Regierung seiner Kirche zu Vorgesetzten zu machen und andrerseits auch über unsere Verwaltung zu richten".

Das Verhältniß der Kirchen und ihrer Bischöfe zueinander ließ er bestimmt sein durch die Concordia oder Einmüthigkeit. Gleichen Ursprungs, gleicher Beschaffenheit und Bestimmung, werden sie zusammengehalten durch „das Band des Friedens und der Eintracht." Das Bild vom „Leibe Christi" kehrt häufig wieder. Die Einheit der Gesammtkirche ist eine moralische und geheimnißvoll organische zugleich. Die Beweise finden sich in der erwähnten Schrift. —

Der h. Augustinus, dessen einzigartige Bedeutung für die kirchliche Wissenschaft wie für die Kirche seiner Zeit und für alle Zeit hier als bekannt vorausgesetzt wird, läßt in seinen zahlreichen Schriften bei allen seinen tiefsinnigen Untersuchungen und Erörterungen auch über das Wesen der katholischen Kirche keine Ahnung davon aufkommen, daß der Bischof von Rom das Princip, Centrum und Firmament ihrer Einheit sei, — offenbar, weil er eine Ahnung davon selbst nie gehabt hat. Hierüber enthält die Wochenschrift „Deutscher Merkur" vom 4. Sept. bis 2. Oct. 1875 fünf Artikel in wissenschaftlicher Form (von —tsch), die an Klarheit nichts zu wünschen übrig lassen. In der That, wenn Augustinus in sieben Schriften an dreizehn Stellen zum officiellen Unterricht und zur Erbauung den Artikel des apostolischen Glaubensbekenntnisses „eine katholische Kirche" erklärt, ohne von einem „unsichtbaren Oberhaupte" zu reden, — und wenn er in 22 Büchern der Civitas Dei die Kirche als Gottesstaat aufbaut, ohne zu bemerken, daß der Bischof von Rom als Princip, Centrum und Firmament dazu nöthig sei, so hat er auch nichts davon gewußt.

Wir nehmen aus den erwähnten Artikeln (Nr. 2) die folgenden Sätze hieher, welche dort mit den entsprechenden Citaten begründet sind. „Nirgends findet man bei Augustinus jenen juristisch-politischen Kirchenbegriff, welcher heutzutage fast ausschließlich sich geltend macht. Die Kirche ist ihm die erlöste Welt, das Haus Gottes, das Volk Gottes unter allen Völkern, der Leib Christi, zu welchem auch alle Heiligen gehören, welche vor seiner Ankunft gelebt und an den zukünftigen Erlöser geglaubt haben. Vom Haupte dieses Leibes spricht er oft, aber nirgends deutet er an, daß dieses Haupt, Christus, durch einen sichtbaren Stellvertreter repäsentirt werde." „Die Kirche ist der Leib Christi, dessen Glieder durch die Liebe sowohl untereinander als mit dem Haupte verbunden sind."

Wer überhaupt die Schriften des h. Augustinus gegen die Donatisten gelesen, kann unmöglich annehmen, daß der große Kirchenlehrer das Verharren in der Einheit der katholischen Kirche von dem Zusammenhange mit dem römischen Bischofe abhängig gemacht habe. Wegen der knappen Form und des umfassenden Sinnes mögen schließlich die Worte aus dem Anfange der Erklärung des Ps. 90 hier stehen. Nachdem er die katholische Kirche als den großen Organismus, dessen Haupt Christus sei, in der Universalität nach Raum und Zeit charakterisirt hat, faßt er das Gesagte zusammen in den Worten: Totus populus sanctorum ad civitatem pertinentium, quae civitas corpus est Christi, cui caput est Christus. —

Aber was dachte man denn um diese Zeit in Rom selbst? In der römischen Kirche hat während der ersten sechs Jahr-

Hunderte und weiter herab in wichtigen Dingen nie der Bischof allein gelehrt und gehandelt, sondern stets die Gemeinde durch die Repräsentation der Synode. Der Bischof von Rom wurde nicht einmal als das Einheitsprincip der eigenen Gemeinde, die man damals immer nur unter dem Namen der „römischen Kirche" verstand, betrachtet. Während der Sedisvacanz schrieb das Collegium der römischen Presbyter und Diaconen an „den Papst Cyprian" von Carthago einen Brief, in welchem ausdrücklich anerkannt wurde, daß die Vertreter und Vorsteher der Einzelkirchen „ihr Gewissen Gott allein (deo soli) als dem einzigen Richter schuldeten"; es sei aber doppelten Lobes werth, wenn sie die Billigung „ihrer Brüder" suchten. Die letzte Aeußerung bezog sich darauf, das Cyprian an die römische Gemeinde über die Vorgänge zu Carhago berichtet hatte, worauf ihre Antwort erfolgte. (Bei Cyprian ep. 30.). Das Verhältniß zwischen den Kirchen von Rom und Carthago war nach der Anschauung der römischen Gemeinde das der Brüderlichkeit.

Der berühmte Schüler des h. Irenaeus, der römische Kirchenlehrer Hippolytus, bezeugt uns die in den ersten Decennien des dritten Jahrhunderts auch zu Rom geltende Anschauung von dem Wesen und der Einheit der Kirche. Denn sein Streit mit „der Schule des Kallistus" betraf Punkte der Bußdisciplin und der Disciplin überhaupt und in dogmatischer Hinsicht die Trinitätslehre, nicht aber die Lehre von der Kirche. Er war in dogmatischen Dingen angesehen; sein Ruhm ging auch in der ganzen orientalischen Kirche auf die Nachwelt über.

Es kommt hier seine Schrift: Ἀπόδειξις περὶ Χριστοῦ καὶ Ἀντιχρίστου in Betracht. Wenn er hier die Kirche in allegorischer Deutung von Apocalypse 12, 1 ff. darstellt als Weib, welches den Logos unter ihrem Herzen trage und in den Gläubigen ohne Unterlaß wiedergebäre (c. 61.), so ist es für die Sache gleichgültig, ob seine Lehre vom Logos überhaupt orthodox gewesen; hier soll nur constatirt werden, daß das Leben des Logos in der Kirche das Leben der Gläubigen bedingt. Bedeutsamer ist aber für uns seine Schilderung der Kirche als eines Schiffes auf hoher See im Sturme. Das Schiff der Kirche wird zwar von den Wellen umhergeworfen, aber es geht nicht unter: „denn sie hat einen erfahrenen Steuermann bei sich, nämlich Christus. In der Mitte hält sie ihre Trophäe vom Siege über den Tod, das Kreuz des Herrn. Das Vordertheil ist der Aufgang, das Hintertheil der Niedergang, die Schiffswölbung der Mittag; ihre Steuerruder sind die beiden Testamente, das Tauwerk die Liebe Christi, welche die Kirche (zur Einheit) umfasset; das Segeltuch, welches sie mit sich führt, ist das Bad der Wiedergeburt, das die Gläubigen verjüngt, woher deren schimmernder Glanz; der Wind ist der Geist vom Himmel, durch den die Gläubigen vor Gott besiegelt werden." Er giebt dem Schiffe ferner noch „eiserne Anker" in „den heiligen Geboten Christi", Engel als Ruderer, als Leiter hinauf zur Seegelstange das Vorbild des Leidens Christi, welches die Gläubigen aufwärts ziehe, daß sie den Himmel ersteigen, und endlich hoch oben als Abzeichen auf der Segelstange schwebend die Schaar der Propheten, Martyrer und Apostel, welche in das Reich Christi zur Ruhe eingehen, (o. 59.). Es wird wohl nicht möglich sein, für den Bischof von Rom auf diesem Schiffe noch einen dominirenden Platz zu finden, wo er zur Rettung desselben unentbehrlich wäre.

In Betreff der römischen Bischöfe ist zu bemerken, daß sie in der Periode der Väter im Verkehr mit andern Bischöfen, wenn sie nicht deren Amtstitel gebrauchten, in der Anrede der Regel nach Frater, Bruder, oder in der Höflichkeitsform „Fraternitas", anwendeten, nie aber eine Bezeichnung der Abhängigkeit, wie Filius, sich erlaubten. Ihre Ablehnung der Kirchengemeinschaft betrachteten sie nicht als die Ursache, woburch andere Kirchen oder Bischöfe aus der Einheit der katholischen Kirche ausgeschieden würden, sondern als die Folge davon, daß diese die Ausscheidung selbst vollzogen. Die Anschauung war, daß sie äußerlich sich von denen fern hielten, die sich selbst innerlich von der Einheit losgesagt, die es wagten, antiqua cattolicae fidei fundamenta convellere, die durch Abweichung von der

Regula fidei, von dem Traditionsprincip oder von der episcopalen Einheit innerhalb der Einzelkirche den katholischen Charakter eingebüßt. Daher bildete sich der technische Ausdruck: a communione discedere, von der Communion mit einer Kirche oder mit einem Bischof zurücktreten, wobei das Urtheil, welcher von beiden Theilen, die keinen Frieden mehr hatten, mit der Offenbarung und mit der inneren Kircheneinheit gebrochen, Gott überlassen bleiben konnte. Schon hieraus erhellt, daß die damaligen römischen Bischöfe nicht sich selbst für „das Princip, Centrum und Firmament der Einheit" hielten. —

Auch die Rechte ihres Patriarchats wollten sie nur nach der Norm der canones der allgemeinen Kirche ausüben, was hier im Vorbeigehen bemerkt sei. —

Es genüge nur noch darauf hinzuweisen, daß die größten römischen Bischöfe der in Rede stehenden Periode, Leo I. und Gregor I., bei aller Macht, die sie als die ersten Patriarchen der katholischen Kirche ausübten, die biblische Idee der Einheit nach ihren Hauptmomenten festgehalten haben. Es ist namentlich das mystische Bild von dem Leibe und seinen Gliedern, von den Gliedern und ihrem Haupte, welches ihnen geläufig und Gegenstand der Betrachtung ist. Leo faßt dieses Bild in schärfster Weise (Serm. 63, 3) und legt Nachdruck darauf, daß weder die Glieder ohne das Haupt denkbar seien noch das Haupt ohne die Glieder, und es fällt ihm nicht ein, nach einer „Stellvertretung" für das Haupt zu suchen und es aus dem Geheimniß der Religion in die Sichtbarkeit eines juristischen Rechtssubjektes zu ziehen. Und so innig denkt er die Verbindung des Hauptes mit jedem Gliede, daß er das kühne Wort ausspricht: „in allen seinen Heiligen ist Christus Einer und Derselbe" (in omnibus sanctis suis unus idemque Christus).

Wenn Leo in seinen Briefen von der römischen Kirche redet, so betrachtet er sie als Particularkirche, und fragt er nach dem „wahren Pontifex der allgemeinen Kirche", so ist dieser ihm nur Christus. —

Prachtvoll hat Gregor der Große die Bilder von dem

„Leibe Chrifti" und dem „Tempelbau" in ihrer Anwendung auf die Kirche entfaltet. Ueberaus zahlreich find die Stellen in seinen mannigfaltigen Schriften, aus welchen sich leicht bei maßvoller Erklärung ein eigenes Buch zusammenfügen ließe. Die heutige vaticanische Hoflehre, wonach die römische Particularkirche oder näher bezeichnet die vatikanische Curie und im eigentlichsten Sinne der Papst von Rom die katholische Kirche sei und man'deßhalb Alles katholisch nennen müsse, was sich ihm, Verstand und Freiheit opfernd, blind unterwerfe, und sonst nichts, — war ihm fremd; vor seinem Geiste „bilden alle Particularkirchen zusammen die Eine katholische Kirche" (Universae ecclesiae, quae unam catholicam faciunt etc. Mor. XIX, 12). Hier ift die Universalität zunächst räumlich aufgefaßt, aber ihre Bedeutung erstreckt sich auch auf die Zeit; „von dem gerechten Abel bis auf den letzten Auserwählten, der am Ende der Welt geboren werden wird" umschließt die Universalkirche alle ihre Glieder zu einem einzigen Organismus. (Universalis ecclesiae ab Abel justo usque ad ultimum electum, qui in fine mundi nasciturus est etc. Evang. I, 19 vgl. Ezech. II, 3.). Ihr Ursprung ist im Ueberirdischen, — a celsitudine supernae gratiae (Mor. XXV, 8), und während sie auf Erden in Mühsal ihren Aufbau vollzieht, hat sie die Bestimmung, im Himmel ein Staat von Herrschern zu sein (Ecclesia est civitas, quae regnatura in coelo adhuc laborat in terra. (Ezech. II, 1.). Bei solcher Auffassung kann natürlich ein Mensch (eine „Amtsperson") weder ihr Lebensprincip noch ihr Haupt sein; beides ist vielmehr der Herr allein, Jesus Christus.

Dies veranschaulicht die zuletzt angeführte Stelle, in welcher das Bild vom Tempelbau ausgemalt wird. Da ist nämlich die Kirche der Bau oder Tempel der Liebe (aedificium caritatis). „In einem Gebäude trägt ein Stein den andern; Stein wird ja auf Stein gelegt, und der eine, der einen andern trägt, wird selbst wieder von einem andern getragen." So tragen die Nächsten (die gleichzeitig leben) einander: aber die ganze gegen=

wärtige Generation wird getragen von der vorangegangenen, wie sie selbst wieder die der Zukunft trägt. Aber, wo ist nun das Fundament, das Alles trägt? (Pius IX. sagt: „das bin Ich!" aber Gregor der Große lehrt:) das Fundament ist Christus. „Das Fundament trägt Alles, denn die Sitten (die das Reich Gottes aufbauenden Tugenden) Aller trägt zumal unser Erlöser allein. Nicht wird Er von den Steinen getragen, denn Er trug all' unsere (Uebel), in Ihm aber war kein Uebel, welches hätte getragen werden müssen". Damit dies nicht mißverstanden werden könne, sagt er in derselben Homilie noch deutlicher: „Christus selbst ist es, der innerhalb der heiligen Kirche Alles nach seinem Urtheil anordnet, wie Er selbst auch eben diese heilige Kirche trägt und dadurch, daß er sie trägt, sie in das himmlische Gebiet erhebt" (Christus ipse omnia intra sanctam ecclesiam judicando disponit, ut ipse eandem sanctam ecclesiam portat et portando ad coelestia sublevat.). Wie aber innerhalb der Kirche seine Wirksamkeit Gestalt gewinnt, erfahren wir so: „Die Kirche der Auserwählten erschließt ihre Gedanken bei dem Anhauchen des heiligen Geistes, und zur Demuth sich neigend nimmt sie in Gott, dem sie glaubt, die Wärme der Liebe in sich auf, so daß ihr nichts mehr gefällt, als seiner Gnade sich ergeben, von seiner Liebe erwärmt, von dem Geschenke seines Geistes erfüllt werden". (Electorum ecclesia cogitationes suas in afflatu spiritus sancti aperit, atque ab omni superbiae suae vertice descendens in Deo, cui credit, amoris calorem concipit, ut nihil ei libeat, nisi eius gratiae submitti, dilectione calefieri, eius afflatus semper munere repleri). Also Alles, Wahrheit und Gnade, Licht und Liebe, Geist und Leben, geht unmittelbar von Gott aus.

Das Alles tragende und durchlebende Princip ist aber zugleich das Haupt der Kirche, und darum hat sie auch Theil an der Herrlichkeit des Herrn, der ihr Princip und Haupt ist. Die Kirche leidet, um verherrlicht zu werden, und für ihre künftige Verherrlichung hat sie die sicherste Bürgschaft. Im

Geiste schaut sie schon die Auferstehung ihres Fleisches, und sie
erstarkt in der Hoffnung; „denn was sie an ihrem Haupte
bereits erfüllt sieht, das hofft sie werde auch an
dessen Leibe, der sie nämlich selbst ist, ohne Zweifel
erfolgen". (Mor. XIII, 24).

Nach solch' idealer Anschauung ist Gregor dem Großen
denn auch der Bischof nicht der Beherrscher der Gläubigen,
sondern der Fürbitter für die Vergebung der Sünden des Volkes
(Nam quid Antistes a Domino, nisi pro delictis populi inter-
cessor, eligitur? Epist. I, 25). „Daher ist das höchste Amt
dann gut versehen, wenn der Vorsteher über die Sünden herrscht,
und nicht über die Brüder". (Ibid.). Es soll eben kein Corpus
iuris der Endzweck sein sondern das Corpus caritatis. Die in
der Kirche Alles verbindende Kraft ist die Caritas; es besteht
der kirchliche Organismus durch die compago caritatis (I, 83).
Gregor trat hinsichtlich der Verfassung der Kirche ein für die
Patriarchalverfassung; unter den Patriarchen war er der erste.
Aber es war kein Abhängigkeits-Verhältniß zwischen ihnen, vielmehr das des Gebetes und der Liebe (I, 25). Wenn er „unsere
Kirche" sagt, so meint er die römische Particularkirche. Von
den Bischöfen seines Patriarchats sagt er de episcopis ad nos
pertinentibus; die Bischöfe der übrigen Patriarchate waren
also nicht von ihm abhängig. Er redet nicht blos den Patriarchen von Antiochien, „Ew. Heiligkeit" (Sanctitas) an, sondern auch die Bischöfe von Sevilla und Mailand. Doch wir
können dies nicht weiter hier verfolgen und nicht untersuchen,
in wie weit er praktisch in der Kirchenregierung seiner idealen
Auffassung des Wesens und der Einheit der Kirche entsprochen
hat. Nur sei noch bemerkt, daß aus der Briefsammlung die
Lehre von dem inneren Wesen und Einheitsprincip der Kirche
sich fast noch reicher entwickeln läßt wie aus den moralischen
und homiletischen Schriften. —

Wollen wir schließlich noch einen außerhalb der hierarchischen
Strömungen befindlichen gleichsam Unparteiischen hören, so haben
wir unwillkürlich Cassiodor vor uns, der um die Mitte des

sechsten Jahrhunderts, was er als Weisheit bewährt gefunden, aufzeichnete. Magnus Aurelius Cassiodorus, Einer der ersten Staatsmänner der Gothenkönige in Italien, zog nach dem Jahre 538 sich aus dem schicksalvollen öffentlichen Leben zurück auf eine ruhigere Bahn. Er ging in sein **Monasterium Vivariese** bei Squillace in Unter-Italien, woher er auch stammte, und leitete seine Mönche bis über das Jahr 562 hinaus zu friedlicher Arbeit, die Literatur vor Fälschung und Untergang zu bewahren. Mit allem Eifer und mit Verständniß suchte er auch aus den vielfach verderbten Handschriften der Bibel den richtigen Text herzustellen und die rechte Auslegung zu gewinnen. Hatte er die Kirchen von seiner hohen Stellung aus in ihrer mannigfachen Gestaltung und auch Vermischung mit weltlichen Elementen weithin kennen gelernt, so war nun sein beschaulicher Blick, nachdem er vom Geiste der h. Schrift ganz erfüllt worden, auf das innere Wesen und die Einheit um so mehr gerichtet. In seinen Schrift-Commentaren hat er seine Gedanken darüber uns aufbewahrt.

Vor Allem war ihm die Kirche die realste Gemeinschaft auf Erden. Die Ideen „Vaterland" und „Staat" waren ihm durch seine Lebensschicksale zu Utopieen geworden, ohne Realität. Im Strome der Völkerwanderung sah er Staaten entstehen und vergehen; er fand in ihnen keine sichere Stätte. So begann er denn seine Erklärung des 4. Psalmes mit den Worten: „Durch den ganzen Psalm hin redet die h. Mutter, die Kirche, welche nicht als ein bloßes Phantasiebild in unsern Herzenswünschen sich gestaltet, wie die Ideen „Vaterland", „Staat" und ähnliche Traumbilder, die keine Realität haben; sondern die Kirche ist die Versammlung aller geheiligten Gläubigen, die Eine Seele und Ein Herz sind, die Braut Christi, das Jerusalem der Zukunft". (p. 18ᵃ Garet). Diese Worte enthalten zugleich die reine biblische Definition der Kirche. Ihre Einheit hebt er sehr stark hervor Ps. 21 (p. 70ᵃ Garet) unter Anwendung des Bildes von der ungenähten

Tunica des Herrn; darnach dürfe die katholische Kirche durch keine menschliche Willkür zerrissen werden; sondern jedem Gläubigen werde sie durch den immer unerschöpflichen Reichthum der göttlichen Gnade gleichsam als das ihm zufallende Loos in ihrer unverletzlichen Integrität ganz dargeboten. Es wird dabei zwar auf Petrus (Matth. 16, 18) hingewiesen als auf den Repräsentanten dieser unversehrbaren Einheit, aber ohne jede Beziehung auf den Papst von Rom. Vielmehr wird auch Petrus als Einheitsprincip von Cassiodor geradezu abgelehnt Ad Cor. I, 1; 4. "Die Corinther", bemerkt er (zu 3, 1), "hatten die Weisheit des Fleisches, als sie sagten: ,Ich bin des Paulus, ich des Apollo', da doch der vollkommene Gläubige bekennt, daß er Christi Diener sei, nicht eines Menschen. Denn seinem Prediger kann Niemand das schulden, was er Gott schuldet". Zu 1, 4 ff. aber schreibt er: der Apostel "lobt insbesondere ihren (der Corinther) Glauben und bittet sie, daß sie schuldlos ausharren mögen bis zur Ankunft des Herrn, indem er sie auch beschwört, daß sie die empfangene Lehre festhalten und nicht wähnen sollten, sie seien denen, die predigten, unterworfen; das seien sie Christo dem Herrn einzig und allein (nec se putent praedicatoribus esse subiectos sed uni Domino Christo), da sie ja wüßten, daß sie nicht in des Paulus, nicht in des Apollo, nicht in des Kepha's (Petri) sondern in Christi Gnade getauft seien".

Nur weil ihm Christus das Einheitsprincip war, konnte er die katholische Kirche sich auch über die Schranken der Zeit erhaben denken. "Eine ist die Kirche in den vorangegangenen Vätern und in den nachfolgenden." (Una est enim Ecclesia in praecedentibus et in sequentibus Patribus. In Cant. 8, 1 p. 504ᵃ Garet. "Einzig ist die Kirche und Eine (auch räumlich) in der ganzen Welt, und einzig wird sie genannt wegen der großen Liebe". (Ps. 34. p. 109ᵃ Garet). Sie überschreitet aber auch das Diesseits und verbindet das Jenseits, indem sie es hier schon erreicht, daß sie eine Versammlung der Heiligen wird, wie das himmlische Jerusalem. (Ps. 25 p. 81ᵃ und Ps. 149 p. 474ᵇ Garet.)

Hiermit mag der Bericht über die Einwirkung der biblischen Einheitsidee auf die Anschauung der Väter, der nur skizziren sollte, schließen. Eine vollständige Darlegung würde ein bänderreiches Werk erfordern, ist aber auch nicht nöthig, um zu constatiren, daß in der Väter-Periode die gepriesene Einheit der Kirche eine andere ist als die vom Vatican her gepredigte.

§ 7.

Apostolisch, heilig, katholisch.

Die jetzt in allen katholischen Handbüchern geläufigen vier Eigenschaften der wahren Kirche Jesu Christi: „einig, heilig, apostolisch, katholisch", sind erst im Jahre 381 von dem zweiten ökumenischen Concil (dem ersten Constantinopolitanischen) kirchlich festgestellt worden durch Aufnahme in das Symbolum. Die Erzählung Rufin's von der gemeinsamen Aufstellung eines Symbolums durch alle Apostel vor ihrer Trennung ist gewiß eine Fabel; auch läßt sich nicht nachweisen, daß ein einzelner Apostel ein Bekenntniß in kurzen Sätzen zusammengestellt habe, was in sich unwahrscheinlich ist; aber das sog. Symbolum apostolicum enthält nur apostolische Gedanken, wenn auch von keinem Apostel der Wortlaut herrührt. Dieser Wortlaut war überhaupt nicht feststehend, verschieden in verschiedenen Kirchen, und bei diesem erklärenden Schriftsteller anders als bei jenem, so daß mehr als zwei Dutzend Formeln auf uns gekommen sind; nur die Hauptgedanken waren dieselben. Das älteste Prädicat der Kirche in diesem Symbolum war ἁγία, sancta, „heilig". So finden wir es in dem ältesten römischen Symbolum. Das alexandrinische, welches uns aber erst im vierten Jahrhunderte bekannt wird, enthält das Prädicat ἁγία nicht, dafür aber μία καθολική; die in den Katechesen des Cyrill von Jerusalem aufbewahrte Formel verbindet die drei Prädicate μία ἁγία καθολική. —

Das Prädicat „apostolisch" ist also zuletzt in ein Glaubensbekenntniß aufgenommen worden, und zwar im Jahre 381 in das Necäno-Constantinopolitanische. Da hier nun zur Ergänzung der Lehre von der Einheit der Kirche in Kürze die Prädicate „heilig, apostolisch, katholisch" noch erörtert werden sollen, so wird der Anfang am besten mit „apostolisch" gemacht. Dieses Prädicat ist nämlich zufällig, während die übrigen aus dem Wesen der Kirche gefolgert werden können. Sie heißt apostolisch, weil die Männer, die zuerst das Evangelium zur Stiftung der Kirche predigten, Apostel sich nannten. Aber unter den Kämpfen um die wahre Kirche erhielt das Wort „apostolisch" eine tiefere und wichtigere Bedeutung. Der Ausruf des Apostels Paulus, daß es weder ihm noch einem Engel vom Himmel gestattet sei, ein anderes Evangelium zu verkündigen, als das von ihm verkündigte, nämlich das durch Offenbarung Jesu Christi empfangene (Gal. 1, 6—12), wurde zur Losung, als die falsche Gnosis in subjectiver Willkür den überlieferten Inhalt des Evangeliums vertauschte. Im Laufe des zweiten Jahrhunderts traten die alten Kirchen im Occident wie im Orient immer bestimmter hervor mit der Forderung, daß als Christenthum nur das von den Aposteln Gepredigte und Ueberlieferte gelten solle. Nicht das freie, von der apostolischen Predigt losgelöste Prophetenthum durfte den Inhalt des christlichen Glaubens festsetzen. Die Forderung, daß die Kirche in ihrem Glauben und dadurch zugleich selbst apostolisch sei, war ja eine nothwendige Consequenz aus der Lehre, daß in Christo die Offenbarung vollendet und darum abgeschlossen sei und kein Jota weder hinzugethan noch weggenommen, also auch keines vertauscht werden dürfe. Der Satz: „Keine Neuerung, nur das Ueberlieferte!" bedeutete: „Wir wollen nichts als was von Christus geoffenbart durch die Apostel verkündigt worden ist." Es traten dieser

Anschauung sowohl die Gebildeten wie die Massen der Christen, zumal auch ihre hervorragendsten Gelehrten, bei.

Wir wollen den Gedanken noch deutlicher aussprechen: **die Gewißheit, daß das Wesen der von Christus gestifteten Kirche sich unversehrt forterhalte und für die Christen zu jeder Zeit zuverlässig zu erkennen sei, sollte nicht durch die continuirliche Erneuerung der Offenbarung** in einer ununterbrochenen Reihe einzelner Inspirirter garantirt werden, **sondern auf historischem Wege** stets zu erlangen sein. Die Erhaltung des Wesens der Kirche schien aber durchaus bedingt zu sein durch die Bewahrung der reinen und vollständigen Lehre, die aus dem Munde Christi hervorgegangen von den Aposteln gepredigt und überliefert worden war. Der Satz des h. Jrenaeus (III, 24), den wir kennen: „**Wo der Geist Gottes ist, dort ist die Kirche und jede Gnadengabe; der Geist aber ist die Wahrheit**", war in der kürzeren Form: wo die Wahrheit ist, dort ist die Kirche, am Ende des zweiten Jahrhunderts wie ein Axiom für alle Christen, die ihre Kirche die katholische nannten.

Die große Frage war also: wie ist historisch festzustellen, in untrüglicher Weise, wo die von den Aposteln rein und voll gepredigte Wahrheit ist? Denn wo sie ist, dort ist die Kirche und jede Gnade. Durch Jrenaeus und Tertullian wurde diese Frage für die damalige Zeit genügend gelöst und ihre Lösung fand in der katholischen Kirche allgemein Anerkennung. Sie gingen von dem Gedanken aus, daß in den vielen über den Erdkreis zerstreuten Kirchen nicht eine Theilung der Wahrheit statt gefunden habe, so daß aus allen die Theile zu dem Gesammtglaubensschatz vereinigt werden müßten; sondern, wie jeder einzelne Apostel mit der ganzen Wahrheit lehrend in die Welt hinausgegangen sei, so habe er auch in jeder von ihm gegründeten Einzelkirche die ganze Wahrheit niedergelegt. Tertullian ging nun zwar so weit, daß er auch die von diesen Kirchen ihrerseits in Städten, wohin kein Apostel gelangte, gestifteten Kirchen als deren „Ableger" apostolische nannte; aber bei Constatirung der überlieferten Wahrheit stellte er doch mit Irenaeus die Regel auf, daß man sich an die im eigentlichen Sinne apostolischen Kirchen, wie Corinth, Philippi, Thessalonich, Smyrna, Ephesus, Rom (wo sie irrthümlich die Kirche als von Petrus und Paulus gegründet annahmen) ꝛc. halten solle. Den Fortbestand der unverfälschten und unverminderten evangelischen Wahrheit in diesen Kirchen erklärten sie für gesichert durch die nachweisbare ununterbrochene Succession (Aufeinanderfolge) der Vorsteher (Bischöfe oder Presbyter). Dabei war die auch von Clemens Alexandrinus vertretene Meinung maßgebend, daß Clerus und Volk zu Vorstehern stets nur die vom Geiste der Wahrheit Erfüllten wählten, die Träger der heiligen Wissenschaft, die mit dem Charisma des Lehrens Begabten, die Vorbilder zugleich im heiligen Wandel. Außerdem setzten sie die Nachweisbarkeit der ununterbrochenen Aufeinanderfolge der Vorsteher voraus. Irenaeus führte nun allerdings für Rom 12 Namen auf, die aber für unsere historische Kritik nicht einmal sicher sind. Heute nun ist das Argument, ganz abgesehen von andern Mängeln, durchaus unbrauchbar, da überhaupt nur noch von einem einzigen apostolischen Stuhl die Nachweisbarkeit der Succession behauptet wird, nämlich von Rom, ohne daß die Kritik einen wirklichen Nachweis annehmen könnte.

Da nun die historische Kritik hier keine Bürgschaft mehr bestehen läßt, so ist man katholischerseits darauf verfallen, in der ununterbrochenen Handauflegung, in der Bischofsweihe eine mystische Sicherstellung der Wahrheit anzunehmen, woran aber weder Irenaeus gedacht hat noch Clemens Alexandrinus noch Tertullian.

Doch kehren wir zurück zu deren Gedanken. Der Nachweis der Apostolicität sollte den Ursprung der Lehre aus dem Munde Christi verbürgen. Durch ihre historische Operation wollten sie zur ἀρχή des Evangeliums und zum Ursprung des Wesens der Kirche gelangen. Ist die Kirche oder ihre Lehre als apostolisch erwiesen, dann ist sie damit als die ursprüngliche oder ἀρχαία dargethan. Dieses Prädicat, welches mit

Vorliebe von Clemens Al. angewendet wird, ist daher nicht durch „alt" sondern durch „ursprünglich" oder „uranfänglich" zu übersetzen. Clemens A. sagt, die wissenschaftlich exakteste Gnosis und die in der That beste Schule sei in der Wahrheit allein und „in der ursprünglichen Kirche (ἐν.... καί τῇ ἀρχαίᾳ Ἐκκλησίᾳ. Strom. 7. p. 888 Potter). Dieser Ausdruck: ἡ ἀρχαία Ἐκκλησία, hat genau benselben Sinn wie der andere: ἡ ἐξ ἀρχῆς Ἐκκλησία Strom. 1. p. 375 P. Nachdem Clemens an einer anderen Stelle die Einheit der Kirche allseitig hervorgehoben, auch nach ihrem Ursprunge (κατά τε ἀρχήν), sagt er, auf diese Weise Eins sei einzig „die ursprüngliche und katholische Kirche" (— μόνην εἶναι φαμὲν τὴν ἀρχαίαν καὶ καθολικὴν Ἐκκλησίαν Strom. 7. p. 899 P.). Die mißverständliche Uebersetzung des Prädicats ἀρχαία durch antiqua hat auch überflüssige Erörterungen über das 47te Kapitel des Briefes der römischen Gemeinde an die Corinthische, welcher unter dem Namen des Clemens von Rom bekannt ist, veranlaßt. Die erste sagt nämlich der letzteren, „es bringe Schande und große Schande und sei der Lebensweise in Christo unwürdig, was man höre, daß die so fest gegründete und ursprüngliche Kirche der Corinther (τὴν βεβαιοτάτην καὶ ἀρχαίαν Κορινθίων Ἐκκλησίαν) wegen einer oder zweier Personen gegen die Presbyter sich auflehne". Indem man aus ἀρχαίαν hier auch „alt" machte, wurde den Combinationen über die Zeit der Abfassung des Briefes ein weites Feld geöffnet. Das Beiwort ἀρχαῖος hat in seiner Verbindung mit ἐκκλησία im zweiten Jahrhundert bei den Kirchenschriftstellern niemals die Bedeutung von παλαιός, sondern die vermöge der Abstammung von ἀρχή ihm eigenthümliche. —

Das Prädicat „heilig" war, wie schon erwähnt wurde, das erste, welches man der Kirche beilegte. In der h. Schrift kommt es in unmittelbarer Verbindung nicht vor; 1 Petr. 2, 9 werden aber die Gläubigen zusammengefaßt unter der Bezeichnung ἔθνος ἅγιον, „heiliges Volk". Und so werden die Gläubigen „die Heiligen" genannt (2 Cor. 1, 1 und so häufig), „die Heiligen in Christo Jesu" (Phil. 1, 1), „die Geheiligten in

Christo Jesu" (1 Cor. 1, 2) und ähnlich. Wie schon das alte Jerusalem „die heilige Stadt" (ἁγία πόλις) hieß (Matth. 27, 53), so gab Johannes auch dem neuen Jerusalem, der triumphirenden Kirche diesen Namen. Apoc. 21, 2 und 10. Die Benennung „Kirche Gottes" (2 Cor. 1, 1) war den Apostelschülern geläufig, wie wir aus den apostolischen Vätern sehen. In der Adresse des Ignatianischen Briefes an die Gemeinde von Tralles in Lydien findet sich Ἐκκλησία ἁγία.

In dem hohenpriesterlichen Gebete des Herrn erscheinen Heiligkeit und Einheit in gegenseitiger Bedingung, und zwar so, daß die Bitte um Heiligung der Jünger der Bitte um ihre Einigung vorangeht. In der That, nur das Einheitsprincip kann auch das Princip der Heiligkeit der Kirche sein. Wo daher ein sündhafter Mensch, unter welchem Vorgeben auch immer, das lebendige Princip der Einheit sein soll, wie in der heutigen vaticanischen Kirche, da kann diese das Prädicat „heilig" nicht mehr beanspruchen, mag auch das Amt vorgekehrt werden und die Amtsperson sich „Heiligkeit" anreden lassen. Instinctiv oder schlau hat daher der Verfasser des römischen Katechismus, der bei der Lehre von der Einheit der Kirche den Inhaber der Cathedra zu Rom als sichtbaren Regierer und Lenker dem unsichtbaren Haupte wie eine nöthige Ergänzung äußerlich anhängt, bei der Erklärung des Prädicates „heilig" keinen Papst eingemischt, sondern hier Christus den Herrn in seinem Rechte, allein Grund und Urheber der Heiligkeit der Kirche zu sein, unangetastet gelassen. Von der Blasphemie, daß aus der Einheit mit dem römischen Papste wie aus einer Ader die Charismen und Gaben des heiligen Geistes in den mystischen Leib der Kirche einströmten, würde er sich wohl noch entsetzt haben. Aus drei Gründen läßt er die Kirche „die heilige" genannt werden; der erste und der dritte sind das Resultat theologischer Speculation, der zweite ist der von den Aposteln gelehrte. Erstens soll die Kirche heilig heißen, weil sie Gott geweiht sei, wie schon im A. B. Gefäße, Kleider, Altäre heilig genannt worden seien. Nun, daß die Väter das Prädicat „heilig" nicht aus diesem

Grunde in's Glaubensbekenntniß aufgenommen haben, braucht für den, der nur halbwegs historisch unterrichtet ist, keines Beweises. An dritter Stelle werden als Grund bezeichnet die objectiven Heilsmittel, „durch welche Gott wie durch die göttliche Gnade bewirkende Instrumente die wahre Heiligkeit hervorbringe", wobei die heiligende Kraft der Wahrheit, d. i. des Wortes Gottes, welche das hohepriesterliche Gebet betont, noch vergessen wird. Daß die heiligenden Gnadenmittel selbst heilig heißen und sind, ist ja zweifellos; aber es gehört schon der Begriff einer von der Gemeinde abstrahirten Heilsanstalt, an welche das christliche Alterthum bei seiner Ecclesia nicht dachte, dazu, um die Heiligkeit und heiligende Kraft jener „Instrumenta" als Grund anzusehen, warum die Kirche „heilig" genannt werde. Auch aus diesem Grunde ist das Prädicat nicht in's Symbolum gekommen. Doch der Verfasser des römischen Katechismus kann sich so wenig dem Eindrucke des wahren Grundes, den er an zweiter Stelle angeführt, entziehen, daß er ihn zum Schlusse seiner Nr. III im klarsten Ausdruck wiederholt: „Es ist offenbar, daß die Kirche heilig ist, und zwar heilig, weil sie der Leib Christi ist, von dem sie geheiligt wird." (Cat. Rom. P. I. c. 10, 13.). In Nr. II heißt es: „Heilig wird sie auch genannt, weil sie als der Leib mit dem heiligen Haupte, Christus dem Herrn, dem Urquell aller Heiligkeit, von welchem die Charismen des heiligen Geistes und die Reichthümer der göttlichen Güte ausströmen, verbunden ist".

Die Kirche ist heilig, weil sie der Leib Christi ist; das ist der Gedanke, welcher in das Symbolum Aufnahme fand. Die Kirche des alten Glaubensbekenntnisses ist die Gemeinschaft der Heiligen, nicht die Anstalt, nicht eine Summe von Aemtern. Es kann sich nur noch fragen, wer diese Gemeinschaft bildet. Nun, die Heiligen oder die Geheiligten, wird der Unbefangene antworten. Aber die Antwort ist nicht mehr so einfach, seit die römischen Theologen die Frage verwirrt haben. Der Cat. Rom. (I, 10, 8) belehrt uns, zur Kirche, d. h. also zu dem Leibe Christi gehören drei Classen von Menschen nicht: die Heiden, die nie Glieder waren, die Häretiker und die Schismatiker, die abgefallen sind, und die Excommunicirten, welche die Kirche selbst abgetrennt hat. „Dagegen ist nicht zu bezweifeln, daß die übrigen schlechten und verruchten Menschen in der Kirche (also Glieder des Leibes Christi) bleiben, und es ist dies den Gläubigen beständig einzuschärfen, damit, wenn das Leben der Kirchenvorsteher etwa lasterhaft ist, sie die Ueberzeugung zuversichtlich festhalten, daß dieselben trotzdem innerhalb der Kirche sind und deßhalb (wegen ihrer Laster) von ihrer Gewalt nichts einbüßen." War das die Lehre der alten Kirche?

Schismatiker und Häretiker lassen sich vom römischen Standpunkte, von dem aus heutzutage Alles und Jedes Gegenstand der dogmatischen Definition wird und schon geworden ist, gar nicht mehr trennen. Die große orthodoxe griechisch-russische und orientalische Kirche, welche Jahrhunderte lang, und bis in die neueste Zeit für schismatisch galt, muß vom Vatican heute für häretisch erklärt werden; ja, nachdem der römische Primat in der Const. Pastor aeternus vom 18. Juli 1870 in der ausschweifendsten Form sich selbst „dogmatisirt" hat, ist jedes Schisma von vorne herein Häresie. Denn schon der Catechismus Romanus meint mit seinen Schismatikern nur solche Christen, die, im Uebrigen orthodox, mit dem Papste von Rom keine Kirchengemeinschaft haben. In der alten Kirche freilich redete man von einem Schisma zu Carthago, von einem andern zu Antiochien, wieder von einem andern in Aegypten 2c. Es handelte sich um Risse innerhalb der Partikularkirchen und dieser untereinander; daß aber alle, die mit Rom nicht in Kirchengemeinschaft ständen, eben deßhalb nicht zu dem Leibe der Kirche Jesu Christi gehörten, lehrte Niemand. Bei den Osterstreitigkeiten sah Jrenaeus in dem drohenden Schisma zwischen der römischen und den kleinasiatischen Kirchen keine Gefahr für diese, dadurch von dem Leibe Christi abgetrennt zu werden. Die Orthodoxie war, selbst in Fundamentaldogmen, z. B. in der Trinitätslehre, so schwankend bei den Kirchenvätern, daß es, abgesehen von

totalen Abirrungen, wie in den gnostischen Systemen, äußerst
schwierig war, zu sagen, mit welchem Grade der Irrlehre Jemand
sich selbst aus der Kirche ausscheide. Noch um die Mitte des
dritten Jahrhunderts war der zahlreiche Episcopat von Nordafrica mit seinem Clerus und Volke darüber einig, daß auch
dogmatische Differenzen in Betreff der Gültigkeit der Ketzertaufe
nicht als Grund für die Zerreißung der Kirchengemeinschaft angesehen werden sollten. Firmilian (bei Cyprian ep. 75) ging so
weit, daß er den Satz aufstellte: „wo die Taufe ist, da ist die
Kirche"; wer nämlich die Taufe der Häretiker als gültig aner-
kenne, der behaupte damit auch, daß bei ihnen die Kirche sei.
Nach seiner Anschauung also trennten die Irrlehren sie nicht
von der Kirche, wenn sie nur die gültige Taufe hatten.

Aber löste der Spruch einer Auctorität sie nicht von dem
Leibe der Kirche ab? Mit andern Worten: giebt es eine Gewalt in der Kirche, Glieder von dem Leibe Jesu Christi abzu-
trennen? Sind die Excommunicirten nicht mehr zur Kirche ge-
hörig? Kein Auctoritätsspruch giebt die Gewißheit, daß ein
Excommunicirter nicht mehr zur Kirche gehöre. Das ist die
Lehre, welche selbst durch das ganze Mittelalter hindurch die
herrschende war. Eine Wolke von Zeugen könnte hier vorgeführt
werden. Wie Bernhard von Clairvaux erklärte (Ep. 7), daß
das Böse deßhalb nicht aufhöre, böse zu sein, oder auch nur
weniger böse sei, weil der Papst es gestatte, da Christus nicht
gesagt habe: „Du darfst das nicht thun, es sei denn mit Er-
laubniß des Papstes", so lehrte man von Anfang an, daß keine
kirchliche Auctorität das Gute verbieten oder durch ihren Spruch
den Guten böse machen können. Und deßhalb galt auch die
Excommunication als ohnmächtig, welche nicht auf Wahrheit und
Gerechtigkeit beruhte. Statt zahlreiche Stellen anzuführen, die
zu Gebote stehen aus Origenes, Hieronymus, Augustinus, oder
von den Päpsten der römischen Kirche Leo I., Gelasius I., Gregor I. und vielen Anderen, soll nur auf einen auch den Vaticanern imponirenden Zeugen hingewiesen werden, auf Papst
Innocenz III. So mächtig wirkte die allgemeine Ueberlieferung

9*

selbst auf diesen gewaltigen Mann, der göttliche Rache an den Ketzern üben zu dürfen, zu ihrer gewaltsamen Ausrottung Befehle ertheilen und den Grund zur Inquisition legen zu sollen glaubte, daß er in einer Stunde ruhiger Erwägung schrieb (De sent. excomm. 28): das Urtheil Gottes stütze sich auf die Wahrheit, die nicht irren und nicht getäuscht werden könne; aber das Urtheil der Kirche (der hierarchischen Auctorität, meint er) folge manchmal der Meinung, die oft täusche und oft getäuscht werde. **Daher geschehe es häufig genug, daß derjenige, welcher vor Gott gebunden sei, ohne Bande sei vor der Kirche, und daß der vor der Kirche Gebundene frei sei vor Gott.** So lehrte es auch noch einmüthig die Theologie des zwölften Jahrhunderts, Peter der Lombarde, wie die Mönche von St. Victor; ihre Auffassung war keine andere als die des heiligen Augustinus, der überzeugt war, daß der h. Geist sich von der Leidenschaft ungerechter Kirchenobern nicht aus den Herzen hinausbannen lasse, und der in seinem Geiste schaute, wie der in's Verborgene sehende Vater im Verborgenen öffentlich Excommunicirte kröne. —

Aber wie steht es mit „den schlechten und verruchten Menschen, die (wenn sie nur äußerlich orthodox und gehorsam sind) in der Kirche bleiben, und mit „den lasterhaften Kirchenvorstehern", die durch die Laster von ihrer Gewalt nichts einbüßen?

Da zur Zeit, als der Artikel von der „heiligen Kirche" in das Symbolum aufgenommen wurde, die Kirche nur als die organisirte Gemeinschaft der Christen nicht aber als die abstrakte Heilsanstalt in dem Bewußtsein der Gläubigen vorhanden war, so konnte sich auch das Prädicat „heilig" nur auf die Christen beziehen. Und das ist in der That sowohl bei den griechischen wie bei den lateinischen Vätern überall da der Fall, wo sie Nachdruck auf das Prädicat „heilig" für die Kirche legen oder wo sie die Gläubigen als Glieder Christi bezeichnen. Wer z. B. die Lehre des Clemens Al. über die Kirche mit Aufmerksamkeit studirt (seien es auch nur die Stellen Paed. 1 p. 113 u. 114; Strom. 4 p. 642, 6 p. 793 u. 7 p. 846 Potter), findet keinen Raum für die Bösen in der von ihm als heilig gepriesenen Kirche. Heilig nennt er sie Strom. 7 p. 846 P. mit ausdrücklicher Hervorhebung, daß er die Versammlung der Auserwählten meine, die ein erhabener „lebendiger" Tempel Gottes seien, Ihm geweiht durch eine Ueberfülle der Heiligkeit. Ein schlagender Beweis dafür, daß die Väter die heilige Kirche sich auch nur aus Heiligen bestehend dachten, kann aus dem Umstande entnommen werden, daß sie dort, wo sie sich zur universalen Anschauung erheben und die Schranken der Zeit oder gar des Diesseits überschreiten, stets nur von Heiligen als Mitgliedern der Kirche reden. Um aus Vielen Einen reden zu lassen, möge Gregor der Große sprechen (Ep. V, 18). Nachdem er bemerkt, daß Petrus, der Erste der Apostel, doch nur ein Glied der Universalkirche sei, wie auch Paulus, Andreas und Johannes nur Particularkirchen vorgestanden und nur Glieder an dem Einen Haupte Jesus Christus gewesen, weist er darauf hin, daß „die Heiligen vor dem Gesetz, die Heiligen unter dem Gesetz und die Heiligen unter der Gnade alle miteinander den Leib des Herrn bilden, als Glieder der Kirche eingefügt seien". So auch wenn die Kirche als Himmel und Erde umfassend gedacht wird, sind es nur die Heiligen der Erde, welche nach der Anschauung der Väter mit den Engeln die Kirche bilden. Andrerseits begegnen wir bei ihnen der constanten Lehre, daß die Bösen weder Söhne des himmlischen Vaters seien noch Glieder am Leibe Jesu Christi. Augustinus erklärt ausdrücklich (De Civ. Dei 21, 25), daß diejenigen, welche den Weg der Gerechtigkeit verlassen und sich mit schweren Sünden beflecken, zu den Gliedern Christi nicht zu zählen seien (quoniam nec in membris computandi sunt Christi). So wird in der morgenländischen wie in der abendländischen Kirche bis tief in's Mittelalter herab gelehrt; und es ist ja unzweifelhaft auch die Lehre der h. Schrift, welche nur eine Gemeinde „der berufenen Heiligen" und der wirklich „in Jesu Christo Geheiligten" kennt. Selbst wo im Bilde des heiligen Tempel=

bau's die Gläubigen mit Steinen verglichen werden, heißen sie
„lebendige" Steine. (I Petr. 2, 4—5). Und wie konnten
an dem Leibe, dessen Haupt der Urheber des Lebens ist,
todte Glieder sein? Hat doch der Herr selbst, als er das
Bild vom Weinstock anwandte, gelehrt, daß der Vater die nicht
Frucht bringende Rebe abnehme und daß sie weggeworfen werde.
Das ist nicht vom jüngsten Gericht zu verstehen; denn nachdem
die Rebe abgenommen und weggeworfen ist, folgt das „Verdorren" und darnach endlich das Gericht, „das Sammeln und
Verbrennen". (Joh. 15, 1—6). Der Apostel Paulus, der die
Heiligung der Kirche durch Christus, ihren Bräutigam, so herrlich preist (Eph. 5, 24—27), erklärt doch den Christen in der
Gemeinde, die ihr Heil noch in dem alttestamentlichen Gesetze
statt in der Gnade und in dem Leben „des neuen Menschen",
oder „im Geiste durch den Glauben" suchen: „Abgetrennt
von Christo seid Ihr, die Ihr durch das Gesetz wollet
gerechtfertigt werden; Ihr seid aus der Gnade (aus dem
Reiche der Gnade) herausgefallen" (Gal 5, 4). So redet
auch Johannes (1. Joh. 2, 18—19) von solchen Christen in der
Gemeinde, die ihr innerlich nie angehört: „sie waren nicht von
uns", sagt er, also keine Glieder an dem Leibe. Ueberall aber,
wo die Zugehörigkeit zu dem Leibe Christi gerühmt wird, wird
das Leben der Glieder durch das Haupt hervorgehoben; denn
der Vergleich ist nur gewählt, um die Innigkeit der Lebensgemeinschaft der Geheiligten in und mit Christo zu veranschaulichen, wie auch das Bild vom Baume. In allen seinen Ermahnungen hat der Apostel nur den Gedanken, daß die Kirche
gebildet werde von denen, die mit Christo gestorben sind und
nun mit und in Ihm leben (Röm. 6, 2—8; Kol. 3, 3). Die
in Ihm Geheiligten ziehen den neuen Menschen an, sein Leben
prägt in ihnen sein Bild aus (Eph. 4, 20—24; Röm. 8, 28—29;
Kol. 3, 9—10 ꝛc.). Doch diese Lehre ist ja unbestritten, ebenso
wie die andere, die schon mit nachgewiesen ist, aber noch mit zahlreichen Stellen belegt werden kann, daß in den christlichen Gemeinden, auch der Apostel, böse Menschen und innerlich Ungläubige

sich befanden, die dies schon bei ihrem Eintritt in die Kirche waren oder später wurden. Sie nahmen an dem Gottesdienst und an dem äußeren Leben der Christen, auch in allen rechtlichen Verhältnissen Theil. Um ihretwillen ist aber weder von den Aposteln noch von den Vätern der alten Kirche diese jemals „die heilige" genannt worden. Gern wird hier auf die so viel Vortreffliches enthaltende Schrift „das Wesen der Kirche" 2c. von Dr. Julius Köstlin, Prof. der Theol. in Halle (II. Aufl. Gotha, 1872) hingewiesen (S. 126—132), wo dieser Gegenstand für die apostolischen Gemeinden sorgfältig untersucht ist.

In der späteren Ausbildung des Kirchenthums, besonders in der römischen Gestalt, in welcher alle kirchlichen Lebensäußerungen juristische Formen angenommen haben, können die Bösen in vollkommenster Gerechtigkeit vor dem forum Ecclesiae (d. h. dann vor dem Richterstuhl der kirchlichen Auctorität) an dem Corpus iuris mit allen irdischen Vortheilen, welche es den Gehorsamen bietet, theilnehmen, ohne irgend einen Antheil an dem Corpus Christi, welcher die wahre Kirche ist, zu haben. „Lasterhafte Kirchenvorsteher", die der römische Katechismus für die Gläubigen so unbedenklich findet, konnten, wenn sie auf dem römischen Stuhl saßen, wie die Beispiele in der Geschichte ja leider bekannt sind, mit unverminderter Fülle der Gewalt Heiligsprechungen vornehmen und ganze Völker excommuniciren, ohne — ein wahres Glied am Leibe Jesu Christi zu sein, ohne für die Kirche das Prädicat „heilig" irgendwie mit zu begründen. Es soll hier jedoch nicht in Abrede gestellt werden, daß auch nach den Worten des Herrn und seiner Apostel die Kirche durch das gemeinsame Bekenntniß, durch die Sakramente und die Opfervergegenwärtigung im Ritus der Abendmahlsfeier (Messe), ja selbst durch die Verfassung in einer äußerlich erkennbaren, also sichtbaren Gesellschaftsordnung, in welcher zur Läuterung und Theilnahme an den erleuchtenden und heiligenden Kräften auch die Sünder Raum finden und nach dem Maße göttlicher Vorbestimmung behalten können, sich auszugestalten und zu erscheinen die Bestimmung hat. Aber heilig wurde sie in der heil.

Schrift und von den Vätern genannt wegen der in ihr zu jeder Zeit vorhandenen Geheiligten. Daß die spätere Theologie das Prädicat noch anders zu begründen gesucht hat, bleibt dabei bestehen. Am nächsten kommt der Wahrheit noch der Hinweis darauf, daß die Gesammtheit der Gläubigen das Object der Heiligung bilden für den Geist des Herrn. —

„Katholisch" wird die Kirche in der heiligen Schrift nicht genannt; doch kam dies Beiwort wahrscheinlich zur Zeit der Apostelschüler in Anwendung, was auch dann wahrscheinlich bleibt, wenn die Form des Ignatianischen Briefes an die Gemeinde von Smyrna, in welcher die Kirche, soweit die Literatur erhalten ist, zum ersten Male das Beiwort führt (c. 8), der zweiten Hälfte des zweiten Jahrhunderts angehört; denn es ist nicht anzunehmen, daß ein Interpolator im Ausdruck Unerhörtes einschiebe.

Abgesehen von einigen schwächlich liberalisirenden römischen Theologen und von gewissen Accommodationen, wenn es vortheilhaft scheint, auf die Millionen zu pochen, ist im Vatican die Bedeutung des Prädicates „katholisch" theoretisch und praktisch nur noch auf das Universalamt des Papstes bezogen. In ihm ist die allgemeine Gewalt („die Fülle der Gewalt") nach Raum und Zeit über Alles, was Christus gegründet und was Er besitzt für die Menschheit: das ist dort die katholische Idee! Alles, was nun im Bereiche der Macht und im Besitze des römischen Papstes ist, das ist katholisch, nichts anderes. Wenn bisherige römische Katholiken den ganzen Apparat der Verfassung, des Ritus wie der Lehre der römischen Kirche, die ganze „Heilsanstalt", mit scrupulöser Gewissenhaftigkeit beibehalten, sich aber der absoluten Macht des römischen Bischofs, z. B. wenn er Böses befiehlt, wie in der Bulle Unigenitus, oder die Erdichtung und Lüge für Gottes Wort ausgiebt, wie in der Const. Pastor aeternus, entziehen, dann sind sie nicht mehr katholisch nach vaticanischer Anschauung. Ja, wenn die Gläubigen der ganzen Welt der vaticanischen Curie die Kirchengemeinschaft aufkündigten, so würde der Vatican sich selbst immer noch für die katholische Kirche erklären und die gesammte Christenheit als eine verworfene und verfluchte Ketzerbande behandeln, es sei denn —, daß das Ausbleiben des Peterspfennigs und der zahllosen Sporteln und Douceurs dort eine Aenderung der kirchlichen Anschauung bewirkte. Daß aber die Väter, welche das Prädicat „katholisch" in's Glaubensbekenntniß setzten, an die vaticanische Bedeutung noch nicht gedacht haben, ist ebenso gewiß, wie ihre Excommunication durch Pius IX. gewiß sein würde, wenn sie heute lebten.

Vielleicht hat die Dreistigkeit, womit der Vatican das altkirchliche Wort „katholisch" in's Gegentheil verkehrt hat, — denn die heutige römische Katholicität ist der individuellste Egoismus —, einen so ausgezeichneten protestantischen Kirchenhistoriker wie Christian Wilhelm Niedner zu dem schroffen Gegensatz geführt, indem er nur den Begriff der räumlichen Ausdehnung in dem Prädicate „katholisch" für das christliche Alterthum zulassen will. Er schreibt (Lehrbuch, Berlin 1866, S. 211): „das nicht-apostolische, erst aus 2. Hälfte 2. Jhrh. erweisliche, Beiwort καθολική bezeichnete in dieser ganzen Zeitabtheilung nur Das, was es sprachlich allein bezeichnen konnte: ἡ καθ'ὅλην τὴν γῆν oder ἡ καθόλου ἐκκλησία, Ausdehnung oder Gültigkeit im Raume. Denn die in ὅλος angezeigte Ganzheit bezog sich nicht auf ἐκκλησία; sie ist auch bloß spätere Ausdeutung." Diese Auffassung ist sprachlich einseitig und historisch unrichtig. Es ist nicht wahr, daß das Wort καθολικός sprachlich allein „Ausdehnung und Gültigkeit im Raume" bezeichnen könne; wahr ist nur, daß es dies auch bezeichnen kann. Historisch ist es unrichtig, daß das Beiwort „katholisch" in dieser Bedeutung der Ausdehnung ausschließlich oder auch nur vorzugsweise in dem Symbolum seine Stelle gefunden.

Das Beste, was über das Beiwort „katholisch" je geschrieben worden ist, finden wir in der scharfsinnigen Abhandlung, welche Joh. A. Möhler seiner unstreitig ausgezeichnetsten Schrift „Die Einheit der Kirche oder das Princip des Katholicismus" (II. Aufl. Tübingen 1843) als „Zusatz V" (S. 265—270) beigegeben hat. Die sprachliche Grundbedeutung von ὅλος ist gerade nicht auf die Ausdehnung im Raume gerichtet, sondern auf die innere Einheit, wodurch etwas in der Art untheilbar wird, daß bei äußerer Theilung, wo solche möglich ist, das Wesen unberührt bleibt und auch der Theil durch seine Qualität das Ganze repräsentirt. Der Scholiast, welcher diese Bedeutung zu Epict. Ench. c. 31 im Gegensatz zu ἅπας, das auf ein Ganzes aus nicht nothwendig gleichartigen Theilen gehe, hervorhebt, erläutert den Unterschied durch Beispiele. Ein Feuerfunke und ein Wassertropfen sind ihrem Wesen nach dasselbe, was ein Feuerbrand und eine Wassermasse ist; sie behalten daher auch als kleine Theilchen immer noch den gleichen Namen Feuer, Wasser. Eine Säule aber oder ein Stein der Mauer eines Tempels sind, aus dem Ganzen herausgenommen, nicht Tempel und können Theile eines ganz verschiedenen Gebäudes werden. In dem Beiwort καθολικός ist die Bedeutung von ὅλος keineswegs verloren gegangen. So heißt der Gattungsbegriff bei Diogenes Laërt. in Epicur. X, 33 καθολικὴ νόησις nicht wegen seiner „Ausdehnung oder Gültigkeit im Raume", sondern weil der Typus der Gattung von jedem Individuum ausgeprägt und für die Wahrnehmung dargeboten wird, weshalb der Gattungsbegriff allgemein Anwendung findet und das Individuum heißt wie die Gattung. Indem Clem. Al. (Strom. 1 p. 330 Potter) den Gedanken ausführt, daß alle Intelligenz und Weisheit der Menschen aus Gott sei und diesen selbst das bezeugen läßt, sagt er, Gott füge seinem Zeugniß im Einzelnen einen καθολικὸν λόγον hinzu, womit im Sinne des Clemens zugleich wohl die unzertheilbare Einheit aller Intelligenz in Gott angedeutet wird, aber unmittelbar der Begriff des Zusammenfassens in den Vordergrund tritt; er nimmt keine Art der Intelligenz und keines einzigen Menschen Einsicht und Weisheit von dem göttlichen Ursprunge aus. So sagt er denn auch Strom. 6 p. 773 P. mit einem καθολικῷ λόγῳ, daß alles für das Leben Nothwendige und Nützliche aus göttlicher Quelle uns zufließe. Auch die Anwendung auf technische Ausdrücke der Grammatik (Strom. 8 p.

928 P.) geschieht auf Grund der Zusammenfassung des Gleichartigen zu einem Allgemeinbegriff.

In dieser Doppelbeziehung auf die innere untheilbare Einheit des Wesens und auf die ideelle Einheit, zu welcher der Menschengeist alle gleichartigen Besonderungen des Einen Wesens zusammenfaßt, ist das Beiwort „katholisch" ursprünglich auf die Kirche angewendet worden. Die Verflachung zu dem bloßen Begriff der räumlichen Ausdehnnng trat bei Cyrill von Alexandrien im fünften Jahrhundert deutlich hervor; in der ältesten Zeit war es anders. Die bereits erwähnte Stelle Ign. ad Smyrn. 8 lautet: „Wo der Bischof erscheint, da sei das Volk (ἔστω), wie dort, wo Christus Jesus ist, die katholische Kirche ist" (ὥσπερ ὅπου ἂν ᾖ Χριστὸς Ἰησοῦς, ἐκεῖ ἡ καθολικὴ ἐκκλησία). Das heißt nicht: wenn man alle Kirchen des Erdkreises zusammennimmt, so ist Christus darin, sondern: an jedem Orte, wo Jesus Christus ist, da ist das ganze Wesen der Kirche, die deßhalb, weil ihr Wesen überall gleich sich offenbart, die katholische heißt. Wie dies ihr Wesen in der Gemeinde sich kund giebt, sagt Augustinus den Donatisten mit den Worten: „Die Glieder Christi verbinden sich mit dem Einheitsband der Liebe untereinander, und durch dasselbe Band hangen sie mit ihrem Haupte zusammen, welches ist Christus Jesus" (Ep. o. Donat. 2). Wo also Christus in dieser einigenden Macht sich offenbart, da ist die katholische Kirche, und sonst nirgendwo. Um der Zusammengehörigkeit mit Christo inne zu werden, sollen Volk und Bischof Eins sein durch das Band der Liebe. Sind sie dies, dann ist auch Christus unter ihnen und ihre Kirche ist die katholische.

Das Sendschreiben der Gemeinde zu Smyrna über das Martyrium des hl. Polycarp, wie es Eusebius (Hist eccles. IV, 15) mittheilt, war gerichtet „an die Gemeinde zu Philomelium und an alle Gemeinden der heiligen und katholischen Kirchen aller Orten" (καὶ πάσαις ταῖς κατὰ πάντα τόπον τῆς ἁγίας καὶ καθολικῆς ἐκκλησίας παροικίαις). Hier ist der Begriff der allgemeinen räumlichen Ausdehnung (κατὰ πάντα τόπον) besonders ausgebrückt neben dem Prädicate „katholisch", das also einen eigenthümlichen Begriff hinzufügen soll. In dem ersteren ist eben die Vielheit der an vielen Orten in besondern Parochien erscheinenden Kirche ausgebrückt, und in diesem die Einheit ihres sich überall gleichen Wesens, von dem das Prädicat „katholisch" so untrennbar ist wie das Prädicat „heilig". Dieselbe Trennung des Begriffs der Ausdehnung und der Katholicität finden wir Mart. S. Polyc. 19 p. 404 Dressel, wo Christus der Hirt genannt wird τῆς κατὰ τὴν οἰκουμένην καθολικῆς ἐκκλησίας.

Das Prädicat καθολικός war längst auf die Kirche angewandt, als Irenaeus schrieb. Gerade ihn beschäftigte die Allgemeinheit der Ausbreitung der Kirche viel, und doch hat er sie nie deshalb καθολική genannt, sondern stets einen Ausdruck für diesen Begriff der Ausdehnung im Raume wie den obigen κατὰ πάντα τόπον gewählt. So sagt er II, 32, 4: κατὰ παντὸς τοῦ κόσμου ἡ ἐκκλησία; ferner III, 11, 8: κατέσπαρται δὲ ἡ ἐκκλησία ἐπὶ πάσης τῆς γῆς. (Dagegen bezieht sich II, 31, 2: ἡ κατὰ τόπον ἐκκλησία πᾶσα auf die Einzelkirche an einem beliebigen Orte, die in ihrer Gesammtheit auftritt). Das Beiwort καθολικός kommt bei Irenaeus nur vor in dem Ausdruck: τέσσαρα καθολικὰ πνεύματα, III, 11, 8, zur Bezeichnung der „vier Hauptwinde", d. h. zur Bildung eines Allgemeinbegriffs. Die Idee der Katholicität der Kirche ist bei Irenaeus aber so enge mit dem Gedanken der Einheit verbunden, daß er ein eigenes Wort dafür zu wählen gar nicht sich versucht fühlte. Wenn er, wie berichtet wurde, die Identität der Verfassung in allen Einzelkirchen durch die ganze Welt und zugleich die Integrität des vollen Glaubensschatzes als an jedem Orte, wo die Apostel Kirchen gegründet, in untheilbarer Ganzheit niedergelegt verkündete und zugleich denselben Geist überall bezeugte, so sprach er damit nicht bloß den Gedanken der Einheit sondern auch den der Katholicität aus. In der citirten Stelle III, 11, 8 sagt er von der über die ganze Erde zerstreuten und dennoch Einen Kirche, ihre Säule und ihr Fundament sei „das Evangelium und der Geist des Lebens". Das Evangelium fand er thatsächlich in vierfacher Form (durch die vier Evangelisten) vor; und diese Viergestalt war ihm eine ideelle Nothwendigkeit; „vier Säulen" müsse es geben, welche Unsterblichkeit und eine lebendigmachende Kraft ausströmten für die Menschen; aber alle vier erklärte er für erfüllt und getragen von dem Einen Geiste Christi, der selbst in denselben wohne. Indem die Kirche nun an jedem Orte von den vier Säulen getragen erschien, in denen doch nur Ein Geist war, und indem ihr Licht überall nicht in zertheilten Strahlen sondern wie die Sonne leuchtete, hatte sie die Eigenschaft, welche bei andern Vätern das Prädicat „katholisch" ausdrückte. Zu demselben Resultate würde eine nähere Darlegung der Stellen III, 12, 7 und IV, 17, 6 und 33, 8—9 führen. —

Sehr lehrreich für das Verständniß der Idee der Katholicität ist der Briefwechsel des hl. Cyprian. Er schreibt an den Bischof Cornelius in Rom (den er stets „College" oder „Bruder" anredet), er habe seine Collegen Caldonius und Fortunatus nach Rom gesandt, damit dieselben bei der dort eingetretenen Spaltung sich bemühen sollten, „die Glieder des zerrissenen Leibes ad catholicae Ecclesiae unitatem zusammenzufügen und das Band der christlichen Liebe anzuknüpfen". Die Einheit aber hatte für Cyprian (wie das an anderm Orte von dem Verfasser nachgewiesen worden ist) in der Einzelgemeinde oder innerhalb jedes Bisthums einen juristischen Charakter und bestand vor Allem darin, daß in jeder bischöflichen Gemeinde nur Ein Bischof den Mittelpunkt bildete, nicht zwei Bischöfe die Gemeinde spalteten; für die Gesammtkirche dagegen war sie moralischer Natur (Ep. 43, 44, 55, 60, 68 2c.). Nach dieser Anschauung hatten die africanischen Collegen in Rom die doppelte Aufgabe: 1) die römische Gemeinde, die durch einen Gegenbischof gespalten war, „zur Einheit einer katholischen Kirche zurückzuführen" durch ihre Vermittelung, und 2) mit der in der katholischen Einheit wiederhergestellten Kirche zu Rom „das Band der christlichen Liebe anzuknüpfen bzw. zu befestigen" —

et (ut) christianae caritatis vinculum copularent —. Die erste Aufgabe bezog sich nur auf die römische Gemeinde, die zweite auf deren Frieden mit der Universalkirche. Das Prädicat catholica wird also der Einzelkirche gegeben, deren **katholischer Charakter in der Einheit der bischöflichen Verfassung** besteht. „Katholisch" bezeichnet bei Cyprian nicht dasselbe, was universalis bedeutet; es bezieht sich nicht auf die Summe der Gläubigen sondern auf die **Identität der einheitlichen bischöflichen Verfassung in allen Einzelkirchen.** Dieselbe Anschauung war auch zu Rom maßgebend. Der römische Papst Cornelius antwortete dem „Bruder" Cyprian (Ep. 49) durch ein ausführliches Schreiben, in welchem ebenfalls Häresie und Schisma auf die Trennung von dem Einen legitimen Bischof in der Einen Gemeinde bezogen werden. Der römische Papst theilt nun in diesem Briefe mit, daß die Confessoren Maximus und Urbanus bei ihrer Rückkehr zur Einheit in Gegenwart des Presbyteriums und von 5 Bischöfen bekannten, unum Episcopum in catholica Ecclesia esse debere, d. h. **daß in einer katholischen Kirche nur Ein Bischof sein dürfe.** Das kann doch unmöglich heißen, es solle in der Universalkirche nur Ein Bischof sein. Der Sinn ist: zum katholischen Charakter einer Kirche gehört, daß sie nur Einen Bischof hat. Es ist ferner nach dem Zusammenhange unzweifelhaft, daß die Worte: Ecclesia catholica una esse nec scindi nec dividi posse monstrata est (Ep. 51 — **„die katholische Kirche ist erwiesen als eine solche, die in sich Eins ist und nicht zerrissen und nicht zertheilt werden kann**), sich nur auf die thatsächliche Wiederherstellung des Friedens und der Einheit **innerhalb der römischen Gemeinde selbst** ohne Rücksicht auf die Universalkirche beziehen. Aehnlich wird Ep. 55 der Ausdruck catholicae Ecclesiae unitas und der andere catholicae Ecclesiae individuum sacramentum nur auf die africanische Particularkirche angewandt. So auch Ep. 59. Der Gedanke, daß die Kirche deßhalb katholisch heiße, weil sie in jeder besondern Darstellung unter den Völkern des Erdtreifes dasselbe Wesen in der Totalität seiner Eigenschaften zur Erscheinung bringe, namentlich in der Einheit durch Sammlung des zur Kirche organisirten Volkes um einen einzigen Bischof, liegt auch seiner ganzen Schrift über die Einheit der Kirche zu Grunde. Eine directe Beziehung auf die Ausdehnung im Raume hat das Prädicat „katholisch" bei Cyprian nicht; will er diesen Begriff ausdrücken, so braucht er eine Umschreibung. Er sagt, die von Christus gegründete Eine Kirche sei „durch die ganze Welt hin in viele Glieder getheilt" (per totum mundum in multa membra divisa), und so sei auch „der Eine Episcopat in einer gleichgesinnten Vielheit zahlreicher Bischöfe ausgebreitet" (item Episcopatus unus Episcoporum multorum concordi numerositate diffusus). Ep. 55.

Die Einheit der Kirche wie des Episcopats an sich ist dem h. Cyprian gewissermaßen ein Gattungsbegriff. In der Wirklichkeit individualisirt Kirche und Episcopat sich in zahlreichen Besonderungen, die überall das Wesen der Gattung zur Erscheinung bringen. Die ideale Realität, welche als Voraussetzung dient, ist das absolut Reale, ist Gott in Christo. Ein Bischof, auch der von Rom, bleibt immer eine bloß individuelle Repräsentation der Gattung, kann aber nie für die anderen Besonderungen der idealen Einheit diese oder die Gattung selbst sein. Daß der unus Episcopatus als „Fülle der Gewalt" als Quell für die Gewalt der übrigen Bischöfe in dem Bischofe von Rom sei, ist eine römische Fiction, die Cyprian als Wahnwitz abgewiesen hätte, wenn ihm die Anerkennung derselben zugemuthet worden wäre. Die von dem Verfasser in der Schrift „Die Lehre des h. Cyprian v. d. Einheit der Kirche" (S. 49—50) gegebene Erklärung der berühmten Stelle Episcopatus unus est, cuius a singulis in solidum pars tenetur — „der Episcopat ist Einer, an dem die Einzelnen Theil haben mit der Haftung für das Ganze", — hat seitdem sich ihm nur noch mehr bestätigt. Hier mag Folgendes hinzugefügt werden. In einer Anmerkung war dort bemerkt, daß jene Ausdrucksweise juristisch sei, „hergenommen von dem Falle, daß Viele, ein Jeder selbstständig und vollständig, für ein Ganzes haften". Nimmt man hinzu, daß Cyprian stets von der Selbstständigkeit der „Collegen" (d. i. der Bischöfe) redet, so wird man unwillkürlich an das erinnert, was Theodor Mommsen (Römisches Staatsrecht. I. B. Leipzig 1871, S. 59 ff.) über den Begriff der Collegialität in der römischen Magistratur auseinandersetzt, — natürlich so weit es sich hier um Anknüpfung an juristische Begriffe handelt und ein Vergleich überhaupt möglich ist. Bei dem Ausdruck „in solidum" sei daran erinnert, daß solidus ganz dasselbe ist wie ὅλος, mit dem es ja der Abstammung nach identisch ist. Am Schlusse der Schrift De unitate Ecclesiae wird die Einheit in ihrer Unzerreißbarkeit mit Nachdruck in vielen Wendungen gepriesen und ihr auch das Prädicat solida gegeben und zwar offenbar in gleichem Sinne wie catholica, das an dieser Stelle fehlt.

Dies möge genügen zur Feststellung der Bedeutung des Beiworts „katholisch" in der alten Kirche. Daß eine Kirche oder ein Bischof katholisch sei oder werde durch die Kirchengemeinschaft mit dem römischen Bischofe, ist eine jener Zeit ganz fremde Vorstellung; ebenso der kindische Gedanke, daß durch die Summirung aller Particularkirchen die katholische Kirche als Resultat gewonnen werde. Es ist vielmehr eine ideale Beziehung auf die Universalkirche, wie sie sein soll, in dem Prädicate enthalten, welches der wahren Kirche ebenso nothwendig zukommt wie das Prädicat der Einheit. —

Wenn in dem Prädicate „katholisch" eine christliche Wahrheit enthalten ist, so muß wenigstens das Samenkorn dafür in der h. Schrift sich finden. In der Bestimmung des Evangeliums oder des Reiches Gottes, das ganze Menschengeschlecht zu durchleuchten und zu umfassen (Matth. 28, 19—20, wonach alle Völker, πάντα τὰ ἔθνη, der Lehre und der göttlichen Gebote theilhaft werden und das Siegel der Kindschaft im Namen des dreieinigen Gottes empfangen sollen), und zwar unter dem Einen großen Völkerhirten, der durch seinen Tod das Leben Aller werden sollte (Joh. 10—16—17) liegt die Forderung und die Weissagung, daß dem christlichen Geiste die Fähigkeit innewohnen werde, durch die Fülle seiner mannigfaltigen Kräfte und Gaben alle nationalen Eigenthümlichkeiten so zu beleben und zu verklären, daß sie in reichster und gesundester Entfaltung die Einheit eben dieses sie belebenden Geistes offenbaren würden. Derselbe, welcher bezeugte, „Er sei nicht gekommen, das Gesetz aufzulösen, sondern zu erfüllen" (Matth. 5, 17), war auch nicht gekommen, die Verschiedenheiten bzw. Eigenthümlichkeiten der einzelnen Menschen, der Familien, der Stämme, der Völker und Nationen, in welchen sich ein wunderbares Gesetz des Schöpfers offenbart, zu zerstören, sondern zu heiligen und zu verklären. Er war unendlich weit entfernt von der Ohnmacht jenes Italieners, seines angeblichen Statthalters, welcher die Menschen nur zu einigen versteht durch das der Schöpfung und der Offenbarung fremde Gesetz der Einerleiheit, welches alle Blüthen des Geistes rauh zerstört und mit dem Opfer der Freiheit und des Verstandes endet.

Der Universalismus im Princip der christlichen Religion ist bekanntlich mit genialer Kraft von dem Apostel Paulus geistig durchdrungen und in kühnster Form ausgesprochen worden. Sein nachdrückliches Hervorheben der Allgemeinheit der Sünde (Röm. 3, 9 und 23), der Schuld (v. 19), des Todes (Röm. 5, 12) und der Verurtheilung (v. 18), führte ihn zu der noch nachdrucksameren Einschärfung der Lehre von der Allgemeinheit der Gnade, der Erlösung, der Rechtfertigung und des Lebens (Röm. 5, 12—21). Indem er die Einheit des Ursprungs der Sünde betont, thut er dies nicht minder hinsichtlich des Einen Ursprungs der Gnade. (Röm. 5, 19; 1 Cor. 15, 21—22); nur daß der Quell der Gnade noch überfließender ist (Röm. 5, 15—17). Der Universalismus der Gnade hat aber für das ganze Menschengeschlecht eine um so mehr reale Bedeutung, als der Urheber der Gnade, Jesus Christus, nicht bloß dem Geschlechte angehört, sondern sein neuer Stammvater geistiger Art geworden ist, so daß Er der zweite oder neue Adam genannt wird. (1 Cor. 15, 22 und 45). Er ist der neue „belebende

Geist" des Menschengeschlechts (v. 45). Darum muß denn auch das von ihm ausgehende, das Reich Gottes gestaltende Evangelium die universale Beziehung zu allen Menschen haben; und in der That, „es ist eine Kraft Gottes (δύναμις γὰρ θεοῦ) zum Heile Jedem, der da glaubt, dem Juden zuerst, auch dem Hellenen" (εἰς σωτηρίαν παντὶ τῷ πιστεύοντι, Ἰουδαίῳ τε πρῶτον καὶ Ἕλληνι) (Röm. 1, 16). Da der Apostel hier unter dem „Hellenen" alle Völker verstanden wissen will, die nicht Juden sind, da „nicht Barbar noch Skythe" von dem Heil ausgenommen ist, auch menschliche Verhältnisse Schranken nicht errichten und kein Unterschied ist zwischen Sklaven und Freien, indem „Christus in Allen Alles ist" (Kol. 3, 11), so kommt dem Reiche Gottes das Prädicat der Katholicität zu; darum ist das Christenthum katholisch, weil es unter allen Völkern und in allen menschlichen socialen und politischen Verhältnissen sein ganzes Wesen offenbaren und seine allseligmachende Kraft Jedem in seiner Eigenthümlichkeit erweisen kann, indem überall Christus Alles ist in Allen.

Wenn nun in dem zweiten und dritten Jahrhunderte diese Idee der Katholicität des Christenthums in überraschender Weise so aufgefaßt wurde, daß ihre Realisirung und Offenbarung in der episcopalen Einheit der Einzelkirche gefunden werden müsse, so ist dabei nicht außer Acht zu lassen, wie man sich damals den Bischof als den Repräsentanten der Einheit in der Gemeinde dachte. Es wurde vorausgesetzt, daß von Clerus und Volk für das Amt stets der Beste gewählt werde, d. h. derjenige, in welchem sich der Geist des Evangeliums am herrlichsten offenbare, so daß die Vereinigung mit ihm das Einssein der Gemeinde mit Christo zur Anschauung bringe, — das Leben des Lichtes und der Liebe untereinander und mit dem Haupte. Das ist der Sinn, in welchem Cyprian sagte: „Du sollst wissen, daß der Bischof in der Gemeinde (Kirche) ist und die Gemeinde (Kirche) in dem Bischof" (Ep. 69: Scire debes episcopum in ecclesia et ecclesiam in episcopo); und hierauf gründet er seine Definition: „die Kirche ist das dem Bischof geeinte Volk, die dem Hirten (durch die Liebe) verbundene Heerde" (A. a. O.). Aber die Voraussetzung war, daß der Bischof die heiligende Kraft des Evangeliums und den Geist der Kirche mehr als Alle an sich offenbare; und that er dies nicht, so war er weder in der Kirche noch die Kirche in ihm, und die Gemeinde sündigte, wenn sie noch Gemeinschaft mit ihm hielt: „Das Volk möge sich nicht schmeicheln, als ob es von der Mitbefleckung durch das Laster rein sein könne, wenn es mit einem Bischof.e, der ein Sünder ist, die Kirchengemeinschaft unterhält".' (Ep. 68: Neo sibi plebs blandiatur, quasi immunis esse a contagio delicti possit, cum sacerdote peccatore communicans).

Man dachte sich eben mehr, daß der Bischof die Tugenden der Gemeinde repräsentire, als daß er Gewalt über sie habe. Möhler hatte sich ganz in diese Denkweise hineingelebt, als er die Worte niederschrieb (A. a. O. S. 187): „Die Idee eines Bischofs aber wird nach der ausdrücklichen Vorstellung unserer Periode, und wie sie aus dem Wesen der katholischen Kirche hervorgeht, also bestimmt werden müssen: alle Gläubigen fühlen sich, sobald das bildende heilige Princip in ihnen rege geworden, so aneinander gezogen, und nach Vereinigung strebend, daß diese inneren Bewegungen nicht eher sich befriedigt fühlen, bis sie sich in einem Bilde abgedrückt sehen. Der Bischof ist also die anschaulich gewordene Vereinigung der Gläubigen an einem bestimmten Orte; die persongewordene Liebe derselben zu einander, die Manifestation und der lebendige Centralpunkt der nach Einigung strebenden Christengesinnung, und weil diese in dem Bischof der beständigen Anschauung hingegeben ist, die zum Bewußtsein gekommene Liebe der Christen selbst, und das Mittel, sie fest zu halten". Gemäß dieser Auffassung sind auch die überschwenglichen Aeußerungen in den Ignatianischen Briefen über die Einheit der Gemeinde mit dem Bischofe zu erklären. Die Worte Smyrn. 8: „Folget alle dem Bischofe wie Jesus Christus dem Vater", erinnern an das Gebet des Herrn: „Ich bitte .... daß alle Eins seien, wie Du, Vater, in Mir und Ich in Dir." Aber es war in der ganzen Aufstellung ein Fehler: man hatte das Wörtchen „Soll" mit „Ist" verwechselt. Der Bischof war auch bereits im dritten Jahrhundert in manchen Kirchen so wenig „die persongewordene Liebe" der ganzen Gemeinde, daß an ihm nicht selten der Zwiespalt offenbar wurde; es gab Doppelwahlen, Gegenbischöfe und Parteien zu Rom, zu Carthago, zu Antiochien und an anderen Orten. Es kam später, z. B. im Jahre 366, dahin, daß ein von der schismatischen Partei gewählter Bischof mit seinem Anhange die bischöfliche Basilika belagerte, erbrach, erstürmte und über anderthalb Hundert Gläubige, Männer und Frauen, in der Kirche mordete —; und dieser seinen Gegner Ursinus niederkämpfende, von der schismatischen Partei erhobene Bischof war der römische Papst Damasus, den man unter die Heiligen versetzt hat!

Wäre das, was einzelne Väter in der Begeisterung schauten, in der Wirklichkeit vorhanden gewesen, dann hätte „die zum Bewußtsein gekommene Liebe der Christen" in jeder Einzelkirche durch die in dem Bischof anschaulich gewordene Einheit das katholische Wesen des Christenthums ganz und voll geoffenbart. Bei dem Widerspruch der Wirklichkeit mit dem Ideal aber wurde die vermißte Einheit gefordert, die Forderung an die Gemeinde gerichtet und so die juristische Seite vorgekehrt. Der Clerus brachte auf Grund der verlangten Einheit das Volk um seine Rechte, der Bischof den Clerus, der mächtigere Bischof den schwächeren, bis der Riß zwischen Morgen- und Abendland eintrat, und im Occident endlich der Bischof von Rom sich zum Universalbischof aufwarf, wodurch das Princip der Collegialität und Katholicität zerstört wurde und an die Stelle trat die äußerste Despotie und Häresie, deren dogmatische Promulgation der vaticanische Frevel vom 18. Juli 1870 zu wagen sich vermessen hat. Damit hat die vaticanische Kirche das Prädicat

„katholisch verwirkt. Erstaunen aber muß man über die Unwissenheit derer, welche heutzutage das und nur das „katholisch" nennen, was aus dem Munde des römischen Bischofs hervorgeht, der das katholische Princip mit Füßen getreten hat und täglich tritt wie kein Bischof vor ihm.

§ 8.
Schluß.

Möhler hat (a. a. O. S. 246) den geistreichen Ausspruch gethan: „Zwei Extreme im kirchlichen Leben sind aber möglich und beide heißen Egoismus; sie sind: wenn ein Jeder, oder wenn Einer Alles sein will; im letzten Falle wird das Band der Einheit so eng, und die Liebe so warm, daß man sich des Erstickens nicht erwehren kann; im ersten fällt Alles so auseinander, und es wird so kalt, daß man erfriert; der eine Egoismus erzeugt den andern; es muß aber weder Einer noch Jeder Alles sein wollen; Alles können nur Alle sein, und die Einheit Aller nur ein Ganzes. Das ist die Idee der katholischen Kirche."

Der Fall, daß „Einer Alles sein will", ist im Vatican eingetreten; die vaticanischen Christen haben sich des Erstickens ihrer Freiheit und ihres Verstandes und damit ihrer ganzen Persönlichkeit nicht erwehren können, und, so ist in der römischen Religionsgenossenschaft, die nur durch Zwingherrschaft des Einen über Alle zusammengehalten wird, die Idee der katholischen Kirche zerstört. Ohne Erinnerung an diese Idee huldigen die römisch-katholischen Kaiser und Könige jenem Einen als „dem Statthalter Gottes auf Erden", ihr Heil von der Gemeinschaft mit ihm erhoffend, und die Landboten des Volkes in den gesetzgebenden Körpern reden mit Pathos albern von der Katholicität der Kirche, während der Clerus seine ganze Geschichte vergessen hat.

Und was würde Möhler heute über den Rechtstitel des „Einen" sagen? Sogar hinsichtlich eines sehr maßvollen Jurisdictionsprimates des römischen Bischofs schrieb er (S. 236):

„Ob der Primat einer Kirche zur Eigenthümlichkeit der katholischen Kirche gehöre, war mir sehr lange zweifelhaft; ja ich war entschieden, es zu verneinen; denn die organische Verbindung aller Theile zu einem Ganzen, welche die Idee der katholischen Kirche schlechthin erheischet und sie selbst ist, schien durch die Einheit des Episcopats, wie es bisher entwickelt wurde, völlig erreicht; auf der andern Seite ist es augenfällig, daß die Geschichte der drei ersten Jahrhunderte sehr karg ist an Stoff, der allen Zweifel geradezu unmöglich machte. Allein eine freiere, tiefere Betrachtung des biblischen Petrus und der Geschichte, ein lebendiges Eindringen in den Organismus der Kirche erzeugte in mir mit Nothwendigkeit seine Idee". Dazu nehme man die Aeußerung S. 247: „Aus der gesammten bisherigen Erörterung leuchtet ein, daß der Primat in den drei ersten Jahrhunderten selbst in den letzten Zeiten derselben, sich nicht über die ersten Ansätze hervor zu erheben beginnt, daß er formlos noch sich bewegt, daß, wenn es auf bestimmte Nachweisungen, wo und wie er als solcher in Thatsachen sich gezeigt habe, ankommt, man gestehen muß, daß er nie allein erscheint, sondern immer mit andern Bischöfen und Kirchen nur thätig ist, daß er aber dennoch ein eigenes Gepräge anzunehmen beginnt und gleichzeitig nur wartet auf einen Ruf, um zu erscheinen". Das heißt: er fand den Jurisdictionsprimat des römischen Bischofs in der Geschichte der ersten drei Jahrhunderte nicht und konnte ihn nur gewinnen durch philosophisch-theologische Speculation. Aber was er auf diese Weise fand, war nicht das, was man in Rom Primat nennt. Der Primat erscheint in jenen Jahrhunderten des mächtigsten christlichen Geistes „nie allein thätig", ist also allein, als Einer, nichts; das bekennt Möhler; was würde er heute darüber sagen, daß der Eine, der als Primas in den drei ersten Jahrhunderten nichts war, als solcher heute Alles sein will, so daß seine Entscheidungen in Glaubens- und Sittenlehren „aus sich selbst" (ex sese) irreformabel seien? Er würde einen Schluß daraus ziehen, traurig zum Verzweifeln. Denn er schrieb damals wörtlich

(S. 248—249): „Je blühender der Zustand der Kirche, desto mehr wird sich der früheste Verband der Kirche durch den Episcopat darstellen und die anderen werden in den Hintergrund zurücktreten, die Metropoliten und der Primas; in minder blühenden tritt der Metropolitan-Verband in desto größere Thätigkeit, der sich noch Mittelstufen schaffen kann in dem Maße des Bedürfnisses; wie wir in der folgenden Periode die Primaten, Exarchen und Patriarchen gebildet sehen; im traurigsten und verwirrtesten Zustande der Kirche wird der Primat am ausgeprägtesten erscheinen, die ganze sonst vertheilte Kraft der Kirche wird sich in Einem concentriren, um allem ihrem Gedeihen Widerstrebenden desto energischer entgegen wirken zu können". Demnach wären wir heute bei dem „traurigsten und verwirrtesten Zustande der Kirche" angelangt, bei dem blüthenlosesten, den sie seit ihrer Gründung erlebt, da „die ganze sonst vertheilte Kraft der Kirche sich in Einem (in Pius IX.) concentrirt" und „Einer Alles sein will", wie nie zuvor. Wie aber, wenn nun gerade der traurigste und verwirrteste Mann den Primat inne hat? Diese Möglichkeit kann nach den Zeugnissen der Geschichte nicht bestritten werden. Auch ist es eine allseitig anerkannte Thatsache, daß der römische Primat seit dem 9. Jahrhunderte, in stetigem Wachsthum begriffen, die Concentration aller Macht wie alles Rechtes in der Kirche nach und nach vollzogen und bis zu der Vollendung im vaticanischen Scheinconcil gesteigert hat, die eine Steigerung nicht mehr zuläßt, da Einer nicht mehr sein kann, als eben Alles. Hiernach wäre dann aber der Zustand der Kirche von dem 9. Jahrhundert an in steigender Progression unablässig trauriger und verwirrter geworden. Ferner soll ja der Primat „der persongewordene Reflex der Einheit der ganzen Kirche" und ihr „persönliches Abbild", das Erzeugniß ihrer Selbstanschauung sein. (S. 239—240). Ist nun der Zustand der Kirche zur Zeit der größten Energie des Primates „der traurigste und verwirrteste", so muß dann auch ihr „persongewordener Reflex" der traurigste und verwirrteste sein, und ihr „persönliches Abbild" dem Wesen der wahren Kirche am unähnlichsten. Auch erhellt aus diesen Erörterungen, daß unser Bestreben, den frühesten Verband der Kirche durch den unabhängigen Episcopat wieder herzustellen, das Verlangen voraussetzt, den blühendsten Zustand der Kirche wieder herbeizuführen. „Haben wir das alte Leben wieder", sagt Möhler, „so werden wir die alten Formen nothwendig wieder erhalten". (S. 250). Aber die neuen Formen sind Hindernisse des alten Lebens und müssen daher zugleich beseitigt werden. —

Der aus der ersten blühenden Kirche aufgegangene Gedanke, daß der Bischof das persongewordene Abbild der in Wahrheit und Liebe geeinigten Gemeinde sei, wurde von der Speculation unvermerkt umgewandelt in den anderen, in dem Bischof seien die Heilskräfte der Kirche, d. i. Wahrheit und Gnade, nicht bloß am reinsten, sondern auch in der Fülle concentrirt, und schließlich ging man zurück auf den Dispensator der Charismen, den h. Geist, mit der Behauptung, dieser bewirke in dem Bischofe die Concentration der Heilskräfte. Die alte Kirche dachte sich in der Gemeinde den Geist eines jeden Mitgliedes erfüllt von dem Geiste Gottes. Gestützt auf die Lehre des Herrn und der Apostel, daß der Geist Gottes alles Wunderbare in dem religiös so tief erregten Leben der jungen Kirche wirke, und ausgehend von der Idee des Apostels Paulus, daß der Mensch in Gott lebe, in Ihm sich bewege und sei, kam unter den Christen bald allgemein die Anschauung zum Bewußtsein, daß der heilige Geist Gottes in den Gläubigen wesenhaft zugegen und mit ihrem Geiste verbunden sei, in und mit diesem walte und schaffe. Man lehrte, der h. Geist sei dem innersten Wesen der Gläubigen gegenwärtig, — in ihrem Herzen wohnend sei Er es, der das Leben des Glaubens und der Liebe anrege und vollende; und demgemäß nahmen Glauben und Lieben den Charakter göttlicher Thätigkeiten und Tugenden an. Wenn nun in einem Mitgliede der Gemeinde diese Thätigkeiten des Geistes Jesu Christi in hervorragender Weise sich kund gaben, so daß alle in ihm ihr Leben und Streben des Glaubens

und der Liebe ausgeprägt sahen, und die Gemeinde ein solches
Mitglied als Zeugniß und Schutz ihrer Einheit sich vorsetzte
als Bischof, so hatte dieses der h. Geist in ihr bewirkt. Der
wahre Bischof wurde gesetzt vom h. Geiste in der Gemeinde;
Alles, was er war, war er aus der Gemeide, durch und
für dieselbe. Später trat der volle Gegensatz ein, und dieser
wurde ausgebildet vor Allem durch die römische Kirche; man
ließ den Bischof einsetzen durch den h. Geist außerhalb der
Gemeinde und über derselben, und so kam man zu der aben-
teuerlichen Lehre, daß der h. Geist und selbstverständlich mit
Ihm auch Christus erst durch den Bischof in die Gemeinde gelangen könne. Die denkbar höchste Steigerung erhielt diese
Absurdität durch das vaticanische Concil der Unterwürfigen, die
allerdings vom h. Geiste nichts in sich hatten. Es soll nunmehr
Christus mit seinem Geiste und allen seinen Gaben und Gnaden
nur noch durch einen Italiener zu seiner Braut, der Universalkirche, gelangen können! —

Die vaticanische Häresie, die radicalste und zerstörendste,
welche im kirchlichen Leben je aufgetaucht, ist aber zu einem
System von scholastischen Begriffen ausgebildet worden, welche
Netze sind für Alle, die ebenso wenig von der Geschichte der
Kirche wissen, wie sie im wahrhaft geistigen Denken geübt sind.
Doch das Christenthum ist kein System von Begriffen, das
äußerlich angelernt wird, sondern es ist eine innerliche Kraft
des schöpferischen Geistes Jesu Christi, die neues Leben erzeugt,
und das ist nicht möglich durch Einen für Alle, sondern Alle
müssen im lebendigen Zusammenhange und in innerer Lebensgemeinschaft mit Gott sein; und wenn Alle wissen, daß sie in
diesem Lebensverkehr mit Gott sind, so bewirkt dies Bewußtsein
Demuth und Alle erkennen einander an in der Ehre der Kindschaft Gottes; wenn aber Einer glaubt, Er allein sei in unmittelbarer Verbindung mit Gott, so überhebt er sich, wird
unfehlbar und macht die Brüder zu Sklaven.

Wenn nun heute in den nach römisch-spätmittelalterlicher
Lehre geänderten Lehrbüchern und Katechismen, wie in den

geistesöden monotonen Hirtenbriefen der unterworfenen Bischöfe die Thätigkeit des h. Geistes als des die Einheit der Gläubigen mit Christus und untereinander wirkenden und vermittelnden göttlichen Princips dem Papste und den Bischöfen, ja nach dem 18. Juli 1870 dem Papste allein, getrennt von der Kirche reservirt wird, so daß das innere Walten des Geistes Gottes in der von Natur religiösen in der Taufe und der Firmung mit dem Siegel und den Gaben desselben h. Geistes ausgestatteten Seele, die doch in Gott lebt, webet und ist, durch einen äußeren juristischen Befehl des Papstes und seiner Executoren, der Bischöfe, ersetzt werden soll, — so ist das der geistloseste Abfall von dem alten christlichen Glauben, und zwar in Folge der Verwechselung des Episcopates oder gar des Papstes mit der Kirche; denn die Kirche hat die Verheißungen, diese aber ist nicht der Papst sondern die Gesammtheit und Gemeinschaft der Gläubigen. Die moderne Vorstellung von einem gewissen Monopol des heiligen Geistes für den Papst und die Bischöfe, oder jetzt für den Papst allein, welche heutzutage in ihrer Abkehr von ihren Vorgängern Willkür für Inspiration haltend aus den Schätzen des göttlichen Geistes für die Gläubigen nach Belieben nehmen oder sie diesen verschließen zu können wähnen, widerspricht der Idee Gottes wie des Menschengeistes, und nicht weniger der h. Schrift und dem Glauben der alten Kirche. Die Idee Gottes fordert ebenso wie die des Menschengeistes, daß jede göttliche Einwirkung auf diesen innerlich sei. Das bezeugt denn auch die h. Schrift. Auf diese berufen die Bischöfe sich so oft und gern, um den Gläubigen einzuschärfen, daß der h. Geist sie — die Bischöfe — gesetzt habe die Kirche Gottes zu regieren; aber sie machen nie darauf aufmerksam, daß der Apostel Paulus von jenen zahlreichen Geistesgaben redet (Röm. 12 und I Cor. 12), die auch den Laien, nicht selten mit Umgehung der Bischöfe, selbst in den gottesdienstlichen Versammlungen der apostolischen Kirche zur Erbauung der ganzen Gemeinde zu Theil werden, vertheilt innerlich nach dem Wohlgefallen Gottes, und daß der Apostel ausdrücklich diese als unmittelbare Offenbarungen des heiligen Geistes, der das Alles wirke in den Einzelnen, bezeichnet. Auch die göttliche Hülfe, welche Jeder für sein eigenes Heil an seiner Seele erfährt, wird auf **directe Einwirkung** desselben göttlichen Geistes zurückgeführt. Der Apostel Johannes schreibt sogar die merkwürdigen Worte, die ihm heute unzweifelhaft die römische Excommunication zuziehen würden: „**Ihr habt die Salbung vom h. Geiste und wisset Alles**..... Und die Salbung, welche ihr empfangen habt von Ihm, sie bleibt in euch, und so habt ihr nicht nöthig, daß Einer euch belehre, sondern wie eben diese Salbung**" — er schreibt an Laien — „**euch belehrt über Alles, so ist es wahr und nicht falsch; und wie er**" (der h. Geist) „**euch gelehrt hat, so verharret darin.**" (I Joh. 2, 20 u. 27.). Da ist es denn auch nicht zu verwundern, daß die Gläubigen in Bezug auf alle Belehrung, die von außen kommt, aufgefordert werden: „**Prüfet Alles, was gut ist, behaltet.**" (I Thess. 5, 21). —

Es könnte nun nach der ganzen hier gegebenen Darstellung der Lehre von dem **Einheitsprincip** der Kirche scheinen, als ginge damit ihre **Sichtbarkeit** verloren; und die Curialisten unterlassen es auch nicht, diese Folgerung zu ziehen und immer wieder zu behaupten, die Kirche sei nur sichtbar durch ihre juristisch-monarchische Form und durch ihr sichtbares mit der Gewaltfülle Christi versehenes angebliches „Oberhaupt".

Die Folgerung ist falsch.

Schon die Taufe macht die Kirche sichtbar, da sie ein **äußeres greifbares Symbol** hat, an welchem die innere Eingliederung in den mystischen Leib erkannt wird. Alle wahrhaft Getauften gehören durch das Recht Jesu Christi, der sie in das Reich seines Lichtes aufgenommen, und durch ihr eigenes Recht vermöge des empfangenen Siegels der großen Universalkirche an. Mit Recht stellte daher der hl. Firmilian, wie schon mitgetheilt wurde, den Satz auf: „**wo die Taufe ist, da ist die Kirche**". Ob die Getauften aber lebendige Glieder an dem mystischen Leibe bleiben oder sich wieder abtrennen, das hängt von ihrem Glauben und Lieben ab. Organisch abtrennen kann sie keine Macht der Erde, sondern Gott allein. Denn das empfangene Siegel kann Niemand auslöschen; wer von der Erbsünde frei ist, kann nie mehr Erbsünder werden; wer in die Kindschaft Gottes aufgenommen ist, kann wohl ein ungerathenes Kind werden, aber den einmal erlangten Charakter der Kindschaft nie mehr verlieren durch den Spruch eines Menschen. In der Schaar der wahrhaft Getauften, die man kennt, ist die Kirche sichtbar vorhanden; in dieser Schaar muß sich auch das wahre Leben der Kirche, wenn auch nicht durch alle einzelnen offenbaren.

Sichtbar wird das einheitliche Leben der Kirche aus dem Glauben, dessen Inhalt durch das übereinstimmende Zeugniß der Apostel und durch die in keinem Momente unterbrochene innere Bezeugung des h. Geistes voll und unversehrt bewahrt in dem durch alle Zeiten sich selbst gleichen Bekenntnisse der Gesammtheit der Gläubigen zum Ausdruck gelangt. Hier liegt der Grund der Unfehlbarkeit der Kirche, — nicht in einer durch die Weihe ertheilten Amtsgnade der Bischöfe, die etwa nur zusammenzukommen brauchten, um den h. Geist, der sonst weht, wo Er will, zu nöthigen, durch ihren Mund die Wahrheit zu verkünden, selbst wenn sie dieselbe nicht gelernt haben. Diese Vorstellung von einer durch die Amtsgnade gesicherten Unfehlbarkeit schafft immer neue Dogmen aus den Meinungen mächtiger Schulen und trennt die Christenheit mehr und mehr, wenn die Gläubigen das äußerlich befohlene Dogma nicht in ihrem Herzen vom h. Geist bezeugt finden. Aber wo der h. Geist in der Gesammtheit der Christen wirkend gedacht wird und Jeder sein inneres Glauben an der altkatholischen Traditionsregel nach den Gesichtspunkten der Allgemeinheit und der Beständigkeit prüft, da bleibt das erste Zeugniß der Apostel siegreich, da erscheint das Glaubensbekenntniß in seiner erhabenen Einfachheit als ein Symbol, an dem sich alle erkennen. Und da in demselben alle Gedanken wie die Strahlen auf die Sonne auf Christus hinweisen, so fühlen sich alle, die dasselbe bekennen, in Ihm verwandt und es erscheint das einheitliche Leben auch als die Liebe.

Die Kirche wird sichtbar durch die Liebe ihrer lebendigen Glieder, wie zu dem Haupte Jesus Christus, so zueinander. Das Erscheinen dieser Liebe fiel selbst den Heiden in seiner Eigenthümlichkeit auf, wie dies von Freund und Feind bezeugt wird. Es bewährte sich vollständig die Verheißung Christi, daß daran seine Jüngerschaft erkannt werde. Schon der Einblick in eine christliche Familie konnte den glücklichsten und kühnsten heidnischen Kriegshelden bewegen, das Schwert abzugürten und statt zu zerstören zu erbauen. Das Leben einer christlichen Gemeinde machte den entzückenden Eindruck einer nie ermüdenden Symphonie. „Seht, wie sie einander lieben", wurde Sprüchwort, —

Die Liebe schafft aus Vielen Ein Herz und Eine Seele und erzeugt das Bedürfniß, Alles miteinander gemeinsam zu haben; sie drängt zu der Gemeinschaft in den heiligen Handlungen, in Lehre und Cult, dessen Mittelpunkt das Abendmahl werden muß, in welchem die Glieder des mystischen Leibes mit dem Haupte und unter einander in die innigste Lebenseinheit eingehen und in derselben sich bezeugen. Die Liebe zieht an, sammelt, vereinigt, befestigt die Einheit durch das Band des Friedens, bildet, organisirt und trägt als inneres göttliches Princip die Gemeinde.

Die Gemeinde aber verlangt einen Vorstand, und dieser ist von Christus selbst geordnet. Nach katholischer Anschauung hat Er seine von Ihm erwählten Apostel und Jünger gesandt und jene mit der Organisation der Gemeinden betraut, die zur Aufsicht und Leitung wie zur Dienstleistung für die Gläubigen beim Gottesdienste einen Bischof anstellten, zu dem Gehülfen sich gesellten, Priester und Diaconen. Es ist kein Zweifel, daß die Sendung göttlich autorisirt war, und daß sie sich fortpflanzte, und eine ununterbrochene Nachfolge mittelst Weihe von den Christen seit frühester Zeit als nothwendig erachtet wurde. Man erkannte ein besonderes ausübendes Priesterthum zugleich mit dem allgemeinen an.

Aber das besondere Priesterthum darf nicht als ein äußerliches Institut angesehen werden, welches, im Besitze der Kräfte und Gaben der Kirche, außerhalb der Gläubigen und über denselben stehend, auf sie von Außen einwirkte. Der Bischof steht nicht zwischen dem Himmel und den Gläubigen, von Oben Segen empfangend und nach Unten spendend, sondern er ist ein Organ am Kirchenkörper. Die Fülle der Gnaden und die Schlüsselgewalt sind in der Kirche, d. h. in der Gemeinde, und Alles, was der Bischof bindet oder löst, getrennt von der Kirche, das ist nicht durch die Schlüsselgewalt der Kirche gebunden oder gelöst. Es giebt kaum eine andere Lehre, die von den größten Kirchenlehrern, von den Concilien und Päpsten und von allen Theologen die Namen haben durch alle Jahrhunderte herab bis zum Concil von Trient so constant und allgemein vorgetragen worden wäre, wie diese: daß die Schlüsselgewalt nicht dem Petrus als Einzelperson, etwa in Form eines Amtes, sondern vielmehr der Gesammtkirche, als deren Repräsentant er in dem Bekenntnisse der Gottheit Christi erschienen, übertragen worden sei. Mit andern Worten: die Fülle der geistigen Kraft und Gewalt ist nicht in einem menschlichen monarchischen Haupte sondern in dem ganzen gläubigen Volke. Die Kirche, als die Einheit eines priesterlichen und königlichen Geschlechts, ist im eminenten Sinne des Wortes demokratisch angelegt, aber der δῆμος ist das Volk Gottes, welches den h. Geist und seine Liebe, das kirchenbildende Princip in sich trägt. Daher wählte auch nach apostolischer Anordnung die Gemeinde ihren Bischof selbst, und die Wegnahme dieses Wahlrechts nach dem ersten Jahrtausend war schon eine bedenkliche Isolirung, welche aus den Dienern der Kirche Herrscher machte.

Nur in der Gemeinde und durch dieselbe war der Bischof etwas. Im ganzen christlichen Alterthum ist die einzelne Kirche, die Gemeinde das Rechtssubject für alle rechtlichen Vorzüge und Ansprüche, — nicht den Bischof, der nur ihr Repräsentant ist und im Verkehr mit andern Kirchen zum Mandatar werden kann. Aber in und mit seiner Gemeinde kann der Bischof auch die volle Idee der katholischen Kirche verwirklichen, selbst wenn ihr ein Verkehr mit andern Einzelkirchen faktisch unmöglich wäre. Der Episcopat ist seiner Idee nach Einer und überall der gleiche; in jedem Bischof, der wahrhaft seine Gemeinde repräsentirt, wird die Idee der Einheit vollkommen zur Darstellung gebracht. Wie naturgemäß auch die Einzelkirchen nach Verbindung miteinander streben, Metropoliten, Patriarchen und Primas historisch hervortreten mußten unter den gegebenen Verhältnissen, so ist doch die juristische Vereinigung aller Einzelkirchen der Erde in dem Sinne, daß Einer über alle zu befehlen habe, nach der wahren Idee der Einheit der Kirche nicht erforderlich.

Daher ist nun auch die Excommunication eines Gläubigen, um darauf zurückzukommen, als Ausscheidung von der ganzen Kirche gar nicht möglich ohne daß die ganze Kirche zustimmt. So finden wir in der alten Kirche denn die Praxis, daß der Bischof Niemanden rechtlich excommuniciren kann, ohne daß die Gemeinde einwilligt. Geschah dies, so konnte eine andere Gemeinde ihm doch die Gemeinschaft bewahren, wie dies das Beispiel des Origenes beweist und wie es oft vorkam. Der gelehrte Origenes wurde von seinem Bischofe Demetrius zu Alexandrien excommunicirt, und die Bischöfe Arabiens, die es wußten, riefen denselben Origenes zu ihrer Synode und ließen den Bischof Beryllus von ihm belehren, was dieser auch dankbar annahm.

Auch hat die Excommunication ursprünglich nur die Bedeutung der Ausschließung von dem äußeren Empfang der Gnadenmittel und von der äußeren Theilnahme an dem gemeinsamen Gottesdienste. Die spätere römisch-päpstliche Theorie, wonach der Christ durch die Excommunication rechtloser als das Hausthier wird, vogelfrei, dem Raub und Meuchelmord durch angeblich heiligen Spruch preisgegeben, „als eine Pest der Menschheit" behandelt, ist eine menschliche Erfindung und Verirrung der

Leidenschaft, eine antichristliche Ausgeburt des Fanatismus. Die alte Kirche erbebte vor dem Gedanken einer positiven Prädestination der Bösen zur Verdammung durch Gott und verwarf diese Lehre ohne Ansehen der Personen, die sie vortrugen. Und nun sollte gar ein Mensch und ein oft so sündhafter Mensch als „Statthalter" mit einer solchen Prädestination auf Erden schon vorgreifen können! Die römische Excommunicationslehre ist ein System juristischer Satzungen, das so viel Werth hat als Menschenwitz darin ist, und diesen Werth so lange behält, als ein Geschlecht sich dadurch schrecken, verwirren und schädigen läßt. Von göttlichen Gedanken ist nichts darin.

Die Excommunication hat selbst auf dem geistigen Gebiete nur so viel Bedeutung, als sie wahr und gerecht ist. Die Väter rathen daher, wie gezeigt wurde, zur äußersten Vorsicht und seltensten Anwendung der Excommunication, und dann immer nur in Uebereinstimmung mit der ganzen Gemeinde. Sie lehren, von dem Schlage, den der Bischof ungerecht führe, werde er vor Gott selbst getroffen, und er verliere damit seine bischöfliche Gewalt. Das Binden und Lösen des inneren Menschen ist das Amt des h. Geistes; und dieser läßt sich als Minister der Leidenschaft und Blindheit excommunicirender Prälaten nicht gebrauchen.

Keine Excommunication kann das Werk des h. Geistes in der Taufe zerstören; sie vermag auch nicht von der moralischen Einheit loszutrennen. Kein Papst oder Bischof kann dir den Glauben an Christus und sein Wort aus dem Geiste hinwegexcommuniciren, und noch weniger die Liebe aus dem Herzen. Auch hier gilt das Wort des Apostels Paulus: „Ich bin gewiß, daß weder Engel noch fürstliche Gewalten noch Mächte..... weder Hoheit noch Tiefe noch irgend eine Creatur (d. i. Obrigkeit) uns wird scheiden können von der Liebe Gottes, die da ist in Christo Jesu unserm Herrn". (Röm. 8, 38—39). —

www.ingramcontent.com/pod-product-compliance
Lightning Source LLC
Chambersburg PA
CBHW020305170426
43202CB00008B/509